図解でわかる！ 失敗しない

人事制度の

The
Failproof Way
to Manage
Human Resources

運用
のしかた

株式会社フィールドマネージメント・ヒューマンリソース

小林傑　山田博之　野崎洸太郎

Suguru Kobayashi, Hiroyuki Yamada, Koutaro Nozaki

戦略と等級に合致した目標を設定する

社員へ正しいステップで説明をつくす

定期的に運用状況を確認し改善する

STEP

ZERO

はじめに

制度運用の基本を
体系的にお伝えします

1 設計3割、運用7割

　私たちは1年ほど前に『図解でわかる！戦略的人事制度のつくりかた』（ディスカヴァー・トゥエンティワン）を上梓いたしました。

　同書は人事制度設計というかなりニッチなテーマにもかかわらず、お陰様で多くの人事担当者や経営者層の皆さまから好評をもって迎え入れられ、予想以上に多くの読者を得ることができました。

　しかし、前著で示したような、戦略的人事制度構築の考え方に基づいて人事制度をゼロベースから設計・構築し、詳細なマニュアルも作成すればそれで十分だとはいえないのが実情です。もちろん、設計・構築、マニュアル作成は重要だといえますが、これだけを用意して「はい、みなさんマニュアルを読んで、そのとおりにマネジメントをしてください」と伝えてみても、人事制度はうまく回っていかないのです。

■ "適切に運用" されないと意味がない

　制度が正しく設計され、マニュアルが整備されていることはもちろん大切ですが、結局それを使うのは人のため、どう働きかけ、どう納得してもらい、どう行動してもらうのかという適正な「運用」の実践がなければ、せっかくの制度やマニュアルも絵に描いた餅となります。

　しっかりとした制度がつくられていることは前提として、その制度を効果的に活用するには、現場のマネージャーや一般社員に対して適切な行動を促す「運用」のほうがずっと大切であり、手間がかかることは、日々経営者サイドと現場サイドの間に立って、苦労をなさっている人事担当者なら、骨身に染みていることでしょう。

　前著『図解でわかる！　戦略的人事制度のつくりかた』でも、最終章において「設計3割、運用7割」という項目を設けていましたが、あくまで制度づくりをテーマにした本であるため、運用の具体的な中身については、その要点を簡単に説明する程度のボリュームしか割けていませんでした。

　そのため、同書をお読みいただいた読者から、「人事制度づくりについては理解できたが、それを運用する方法やノウハウについても、もっとくわしく教えてほしい」というご

STEP ZERO

STEP 1

STEP 2-1

STEP 2-2

STEP 2-3

STEP 3

要望をいただくようにもなりました。

▌7割について「体系的に」学ぶ 機会があまりにも少ない

　実際、運用が、その場その時の空気に流された場当たり的なものになっていたり、あるいは、各企業の人事部内で先輩から後輩へ口伝で伝承される属人的なものになっていたりすることは、よく見受けられます。メソッドとして規定された運用法や、明文化された運用ノウハウを持たない企業が大半であるのが現実なのです。

　「それならば」と、熱心な人事担当者が独学で勉強しようと考えたとしても、書店に並ぶのは人事評価やMBO、あるいは1on1など、マネジメントの一部分のノウハウを切り取ったものがほとんどで、制度運用の全般にわたって実践的ノウハウを詳細に伝えている書籍は見たことがありません。

　「設計3割、運用7割」であるにもかかわらず、その7割について学べる情報があまりにも少ないのです。そのような状況が、人事担当者に、本来なら不要である労苦を強いる一因となっているのだと思います。

▌人事制度運用を体系的に学ぶ

　そこで、人事制度構築をテーマにした前著に続き、人事制度運用をテーマとした書籍を世に問う意義はあるはずだと考えて企画したのが本書です。

　本書では、私たちの持つコンサルティングメソッドから「人事制度の運用」に関連する内容を抽出し、実際のコンサルティング事例から得られたレスポンスなども補足しながら、汎用性がある人事制度運用の基本を体系的にまとめています。人事制度構築までは進めたものの、なぜかうまく運用ができないという人事担当者にとって必ずお役に立てる内容であると自負しています。

2　人事の仕事の目的

「人事制度運用」という言葉からイメージされるのは、一般的に、人事制度を社内に周知徹底させ、正しい人事査定や処遇を実施させるといったことでしょう。もちろん、それらをどのようにして実現するのかは、人事制度運用の重要なテーマのひとつです。

しかし、そのような「How」（どうやって）についての情報を有効に活用するためには、その前提として、なぜそれをおこなわなければならないのか、つまり「Why」の部分が明確に認識されている必要があります。

例えば、1on1ミーティングを導入するのであれば、どうやって導入・実施するのか（How）を考える前に、なぜそれを導入しなければならないのか（Why）が明確になっていなければならないのです。

▌人事機能の本質は経営戦略の実現

階層化している業務において、Why思考をより高次の階層に当てはめていけば、人事の仕事の最終的な目的は何なのかというところにたどり着きます。

そこで、次章のSTEP1に入る前に、私たちが、企業における「人事」という仕事の最終的な目的をどのように捉えているのかを紹介しておきましょう。

私たちは、「経営戦略を実現するために、人材の質と量を最適化すること」が、人事という仕事の最終的な目的であり、人事機能の本質であると捉えています。

人事制度の設計・構築にしても、人事制度の運用にしても、すべては「経営戦略の実現」という目的に資するものであるべきで、そこから演繹されるべきものだと考えているのです。

「何を当たり前のことを」と思われるかもしれませんが、この当たり前のことが徹底して完遂されているかといえば、自信をもってうなずける会社は多くはないと思われます。

ましてや、人事担当者が人事の仕事を「社員が生き生きと働ける職場環境を整える」とか、「労務的な問題が生じないように社員の行動を管理」するといった面だけで（それらが間違っているわけではありませんが）捉えているとしたら、いくら業務に励んでみても、企業における人事の最終的な目的は達成できないでしょう。

STEP ZERO

STEP 1

STEP 2-1

STEP 2-2

STEP 2-3

STEP 3

高まる人事制度運用最適化の重要性

　さらに、一歩進んだ理想型を考えるのであれば、人事は経営戦略立案にまでコミットしていくべきでしょう。「戦略人事」という言葉がありますが、それは人事を戦略的に考えるという意味にとどまらず、経営戦略の策定においても人事が一定の役割を果たすことを意味しています。

　昨今は「人的資本経営」、つまり人材を資本とみなし、それをより効率的に活用することに注目が集まっています。人的資本経営の実態については、その開示が求められるといった流れもあり、また、雇用制度の流動化がますます進展する中で、経営のアジェンダとしても人事制度の見直しや運用最適化は、上位に挙げられる項目となっています。

　人事の目的を狭い意味での労務管理に限定して捉えるのでなく、人事の目的は、経営戦略実現のためにあるのだと捉える必要があるのです。経営戦略実現は、人事業務が人材の質と量を最適化できるかどうかにかかっているといっても過言ではないでしょう。

ようやく、本当の意味で
"企業は人なり"の時代
になってきました

3 人事制度構築の全体像（前著のおさらい）

前著では、経営戦略実現のための人事制度構築について解説しましたが、その全体像は右の図のようにまとめていました。構築に対しての考え方は本書でも共通であるため、この図を用いて確認しておきます。

企業が置かれている外部環境は常に変化しています。その変化に対応すべく、経営戦略も定期的に見直され、一般的には3〜5年ごとに策定される中期経営計画において提示されています。そして、その経営戦略実現のために、どのような人材を、どれくらい配置する必要があるのかという人材戦略が立案されます。

さらには、その人材戦略を実現するためのあるべき人材マネジメントの姿が規定されます。

戦略的人事制度構築のプロセス

まず、人事担当者は、経営戦略とそこから導き出される人材マネジメントのあるべき姿を明確に把握しなければなりません。

一方で、現在の人材マネジメントの状況については、基本的にすでに把握ができているはずです。

この2つの把握事項から、あるべき姿と現状との間にあるギャップが明らかになってきます。そこで、現行の人事制度にはどのような問題があるのかを明確にし、戦略を実現するための課題を確認していきます。

ここまでが、人材マネジメントの現状分析と改定の方向性の検討です。

次に、その方向性にのっとって、人材ビジョン（求める人材像）を設定して、適正な人材を適正な人数配置できようにするための制度詳細（等級、報酬、評価）を設計します。それが完成したら、新制度を導入して運用を開始します。

以上が戦略的人事制度構築プロセスの概略です。経営戦略実現のための人事制度構築について詳細を知りたい方は、『図解でわかる！戦略的人事制度のつくりかた』をご覧ください。

人事制度改定の全体像

STEP ZERO
STEP 1
STEP 2-1
STEP 2-2
STEP 2-3
STEP 3

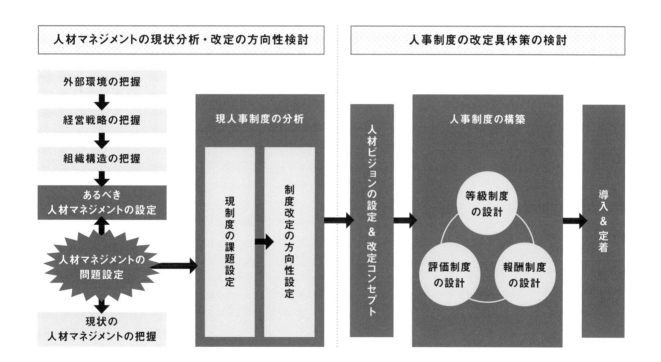

人材マネジメントの現状分析・改定の方向性検討

- 外部環境の把握
- 経営戦略の把握
- 組織構造の把握
- あるべき人材マネジメントの設定
- 人材マネジメントの問題設定
- 現状の人材マネジメントの把握

現人事制度の分析
- 現制度の課題設定
- 制度改定の方向性設定

人事制度の改定具体策の検討

人材ビジョンの設定＆改定コンセプト

人事制度の構築
- 等級制度の設計
- 評価制度の設計
- 報酬制度の設計

導入＆定着

4 本書の目的と構成

本書の目的は、制度構築にあたって想定された "あるべき人材マネジメント" を実現し、運用することにあります。そのためには、マネージャーおよび一般社員に適正な思考や行動を促す必要があるため、人事担当者は運用についてのメソッドやノウハウを知っておくことが重要となります。本書では、以下のSTEPで解説していきます。

STEP1／運用課題の抽出

STEP1では、制度運用でよくある課題を見ながら、人事の現場においてよくあるリアクションを確認します。そのうえで、簡単な質問に答える形で、みなさんの会社が解決すべき課題を抽出していきます。

STEP2-1／改善施策の設計：人事制度の理解

STEP2-1では、人事制度をマネージャー、および一般社員に理解してもらうためのメソッドを紹介します。人事制度を正しく運用するためには、当然その理解が前提になるのですが、人事担当者が想像する以上に、制度について理解されていないことが多いのです。そこで、現場に制度を確実に理解してもらう方法を解説します。

STEP2-2／改善施策の設計：目標設定

STEP2-2では、定量・定性評価における目標設定について紹介します。運用がうまくいかないことの理由の多くは、マネージャーと部下との間で、目標に対する共通認識ができていないことにあります。そもそも目標に対する理解が異なっていたり、抽象的な目標が設定されていたりすれば、その達成や評価がうまくいかないことは当然でしょう。そこで、適切に目標をすり合わせる方法を解説します。

STEP2-3／改善施策の設計：評価＆フィードバック

STEP2-3では、評価とフィードバックのノウハウを紹介します。適切な評価をおこなうことはもちろん、それを部下に対して適切にフィードバックすることは、モチベーション管理・育成の点で非常に重要です。そこで、人事が現場に促すべき評価フィードバック面談のステップや人事評価会議の進め方を解説します。

STEP3／定期モニタリング

STEP3では、人事制度のモニタリングについて紹介します。現場に納得感を持って人

本書の読み方・使い方解説

運用改善のポイントを
制度理解、目標設定、評価＆フィードバックのプロセスでご紹介

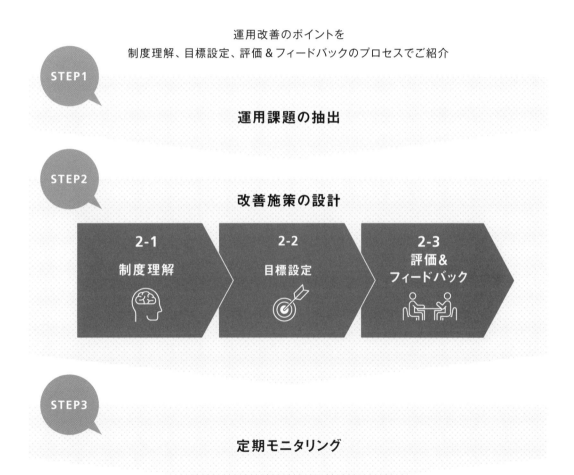

STEP1

運用課題の抽出

STEP2

改善施策の設計

| 2-1 制度理解 | 2-2 目標設定 | 2-3 評価＆フィードバック |

STEP3

定期モニタリング

STEP ZERO
STEP 1
STEP 2-1
STEP 2-2
STEP 2-3
STEP 3

材マネジメントを実施してもらうためには、人事制度が正しく運用されているか定期的な確認が必要不可欠です。そこで、モニタリングと分析のポイントでは、数字が重要であることを解説します。

■ 人事部門が評価を得るために

　私たちは「人事担当者が抱える苦悩や迷いを軽減したい」という想いのもとに、一貫して業務に取り組んでいます。

　企業内において、経営層と現場との間に立たされ、苦労を強いられることが多い人事担当者と日々お付き合いをする中で、その気持ちを痛いほど感じていると自負しています。だからこそ、その気持ちに寄り添いながら、どうしたら苦悩や迷いから抜け出すことができるのかを考え抜いて、可能な限り明快な実践方法を本書に盛り込みました。

　人事部門が本来の目的を達成し、人事担当者が活躍したからこそ経営戦略が実現できたのだという評価を得るために、人事制度の「運用」について学んでいきましょう！

STEP ZERO

STEP 1

STEP 2-1

STEP 2-2

STEP 2-3

STEP 3

それでは、
STEPにそって
学んでいきましょう

課題の抽出

運用課題を抽出する

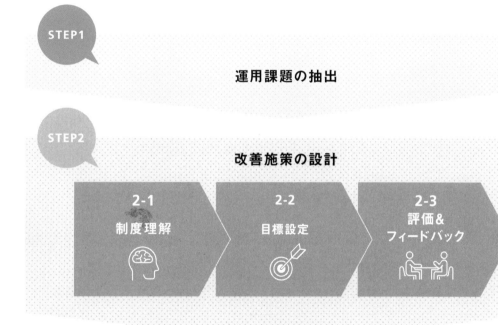

STEP1

運用課題の抽出

STEP2

改善施策の設計

2-1
制度理解

2-2
目標設定

2-3
評価&
フィードバック

STEP3

定期モニタリング

1 運用でよく見られる課題

　私たちは過去、500社以上の人事制度運用のコンサルティングにかかわってきました。その経験から見えてきたのは、「人事制度運用の課題には、よく見られるパターンが存在する」ということです。

　それらの課題は、次の6つに分類できます。

　制度運用についてコンサルティングをする際に、「うちの会社はちょっと独特なので」と発言される人事担当者はとても多いのですが、詳しくお話を聞いてみると、本当に特殊な事情や状況というのはめったにありません。人事担当者は「うちはレアケース」と思っていても、だいたいはこの6つのいずれかに当てはまるといえるでしょう。

　では、それぞれについて見ていきましょう。

① そもそも人事制度が従業員に理解されていない

　これは、私たちがコンサルティングをおこなう、従業員規模300名から数万人までの準大手企業、大手企業のいずれにも共通して見られる課題です。

　経験上いえることですが、私たちがコンサ

ルティングに入る企業のうちの9割において、従業員の大半が人事制度を理解していません。

　例えば、人事部で策定したガイドブックや評価マニュアルがあっても、ほとんど読まれていないばかりか、それが存在すること自体を大半の従業員が失念しているという状況です。

　また、他方では、残念ながら人事担当者の認識が不足しており、ガイドブックと評価マニュアルのどちらか一方しかないといった企業もあります。

　このような企業では、当然ながら、人事制度に対する従業員の理解もまったく浸透していません。

　人事制度が従業員に理解されていないことの理由は、結局のところ、制度が機能していないからだといえるでしょう。人事制度が機能していて、そのありがたみがわかっていれば、従業員の理解は浸透しているはずです。

　しかし現実は、「人事がいろいろやっているみたいだけど、あまり関係ないよね」「人事は役に立つことをしていない」などと思われてしまっています。人事制度が正しく機能していないから理解が進まず、理解が進まな

運用でよくある6つの課題

STEP ZERO
STEP1
STEP 2-1
STEP 2-2
STEP 2-3
STEP 3

いからますます正しく機能しない、という悪循環に陥っているのです。

② 目標設定面談をしていない

いうまでもなく人事評価の前提には目標設定があり、その目標設定は、マネージャーと部下が前期の評価を踏まえたうえで、今期の目標を話し合いながら設定していくべきものです。ところが、マネージャーがその面談プロセスを飛ばしてしまうケースがしばしば見受けられます。

では、面談をしないでどのように目標設定をしているのかといえば、マネージャーが部下に自己申告で目標を書かせたままにしているのです。部下は、明確な根拠もないまま、例えば営業職ならば「前期の売上げから少し増やした数字でいいだろう」といった目標設定をしてしまいます。このように、数字だけを付け替えた目標を設定して、マネージャーはそれをそのままOKにしてしまうのです。

人事側では、従業員一人ひとりの目標設定が適正かどうかをチェックすることは到底で

きません。こうなると、目標設定による評価制度自体が形骸化してしまうことになります。

③ 目標の記載内容に具体性がない

マネージャーが部下に書かせる目標設定の記載が、具体性がなく抽象的で、定性的な記述ばかりになっているケースも非常によく見受けられます。

例えば、「開発の努力をする」「チームの連携を強化する」「顧客への営業提案力を上げる」といった表現ばかりが並んでいるという目標設定です。

その内容自体が悪いということではないのですが、こういった表現で期初の目標が設定されていると、中間や期末の評価の際、その目標が達成されているかどうかの判定がきわめて主観的となります。何をもって努力をしたのか、どこまで強化がなされたか、という基準がないため、それが達成できたのかできなかったのかは評価しようがありません。

こうなってしまうと、評価時に、マネージャーと部下との間で共通の理解を得ること

STEP ZERO

STEP 1

STEP 2-1

STEP 2-2

STEP 2-3

STEP 3

が困難となるため、やはり評価制度が形骸化してしまうことにつながります。

④ 評価フィードバック面談をしていない

マネージャーがおこなう1次評価の後、「なぜそのような評価になったのか」をマネージャーが部下に説明するのが評価フィードバック面談です。この面談があることによって、部下は評価の理由と意図を理解し、そこから、評価を上げるために何をすればいいのかを考えて、前向きな行動に結びつけることができるのです。

ところが、マネージャーが「忙しいから」という理由で、この評価フィードバック面談がまったく実施されていない場合があります。文書によるフィードバックがあるのはまだいいほうで、評価理由の説明自体がおこなわれていない場合もあるのです。極端な例になりますが、部下は、給与や賞与が振り込まれて、その金額ではじめて自分の評価を知るといったこともあります。

評価フィードバックにおける課題で実際に多いのは、面談を実施してはいるものの、それが単なる評価の通知になってしまっているというケースです。

評価フィードバック面談は、本来、一人30分から1時間、あるいはそれ以上の時間をかけて、十分なコミュニケーションをとりながら、部下が納得をするためにおこなわれるべきものです。

ところが、「君は、これこれの理由で、今期はB評価です」「はい、わかりました」といったように、いわば一方的な「通知」だけで終わらせているケースが多く見られます。時間にして一人5分か10分程度で済ませているので、これでは、文書で通知するのとさほど変わりません。

このようなことがおこなわれてしまうのは、評価＆フィードバックの意義がしっかりと理解されていないことが原因だといえるでしょう。

⑤ 評価のメリハリがつけられない

「評価のメリハリがつけられない」と悩んでいるケースも多く見受けられます。

評価をするマネージャーが、部下の評価に

大きな差をつけることを避けたがり、評価が中央に寄りがちになるという、いわゆる「中央化傾向」が生じてしまうのです。

例えば、「S・A・B・C・D」という5段階の評価基準だとしたら、B評価の部下がほとんどになってしまったりします。

あるいは、昇降格を決める際に、本来ならその等級に留まっていることがふさわしくない部下に対して、「彼もがんばっているから」という気持ちが働いて降格をさせることができなかった、といったこともよくあります。

このような評価で運用されていると、マネージャーは嫌われることもなく、従業員はみんな満足するかというと、まったくそんなことはありません。特に若手従業員は、「実績を上げても上げなくても評価に差が出ないのなら、わざわざ率先して行動して、失敗するリスクを負うことはない」と考えてしまいます。

そうなると、次第に仕事に取り組む態度が受動的になっていきます。「自分の仕事が正当に評価されていない」という不満から、モラールが低下し、最悪の場合、退職者の増加にもつながりかねません。

このような事態に陥りやすいことを理解している多くの企業では、メリハリがつけられるような人事制度の設計を進めています。ところが、実際に評価するマネージャーが、そのようなメリハリをつけたがらないのです。

まさに、「設計3割、運用7割」の7割が実施されていないという話で、本書が課題として示しているポイントだといえるでしょう。

制度を適切に運用するためには、マネージャーのマインドを変えていくことが必須なのです。

⑥ 評価者によって評価視点がバラバラ

同じ人物が評価される場合、評価者となるマネージャーによって評価が「甘い」「辛い」といったバラツキが生じることは、避けたいところです。ところが実際には、同じ営業部の中でも課長によって評価に差が生じることはよくあります。

例えば、バラツキが生じる要因のひとつとして、評価者が「人事制度の評価原則から外れている要素」を入れて評価をしてしまうと

STEP ZERO

STEP 1

STEP 2-1

STEP 2-2

STEP 2-3

STEP 3

いうことがあります。

　具体的には、評価期間以外の過去や未来の話を評価に入れてしまうというケースなどです。この部下にはポテンシャルがある、これまでの業務ではやる気が感じられた、といった、本来の評価要素以外のことを考慮に入れてしまうのです。

　このようなケースは、評価エラーの要因のひとつとしてよく見られます。

実はほとんどの
企業が同じような
悩みを抱えています

2 課題に対する、よくある人事の動き

　以上の6つの課題は、程度の差こそあれ、ほとんどの企業で見られる現象だといってよいでしょう。

　課題の重さが軽微で、多少の問題はあるもののおおむねうまくいっているケースもあれば、課題が大きな悪影響を及ぼしているため、人事制度が骨抜きにされてほとんど機能しなくなっている、といったケースもあります。

　それでは、人事部門でこれらが課題として認識された場合によくとられるリアクションには、どのようなものがあるのでしょうか。

「何もしない」は対策とはいえない

　まず、もっとも良くないのは、いうまでもなく「何も対応をしない」ということです。

　人事制度がうまく運用されていないことを認識しており、現状が良くない状態であるという"モヤモヤ"した気持ちを抱えてはいるものの、具体的なアクションをとることができずにいる人事部や人事担当者は、実際には少なくないのです。

　人事担当者が、何か対策をとらなければならないと考えて経営層に訴えてみても、彼ら自身も有効な対応策がわからないため、「困ったね」「マネージャーや現場は忙しいから仕方ないよ」といった感じで終わってしまうのはよくあることです。

　訴えてみたけどだめでしたでは、「対策をとった」ということにはなりません。

対症療法では効果は望めない

　もっともよく見られるのは、人事担当者が必要に駆られて、なんらかの対応策をとってはいるものの、それが対症療法的な応急処置になってしまっているケースです。先述した6つの課題に即していえば、次のようなものが例として挙げられるでしょう。

「そもそも人事制度が従業員に理解されていない」
・マニュアルの存在をアナウンスする
・メール等でガイドブックを送付する

「目標設定面談をしていない」
・面談をきちんと実施するよう依頼する

・部下の自己申告にしないよう依頼する

「目標の記載内容に具体性がない」

・具体的な目標を記載するよう依頼する

・評価時のことを考慮して目標を設定するよう促す

「評価フィードバック面談をしていない」

・書面でフィードバックをしないよう依頼する

・面談時間の確保を促す

「評価のメリハリがつけられない」

・中央化傾向について注意喚起する

・評価に気持ちを介入させないよう依頼する

「評価者によって評価視点がバラバラ」

・評価者同士で情報共有をするよう促す

・評価者に評価理由を開示するよう促す

　以上は、「促す」「依頼する」といった表現が多いことからもわかるように、強制力がともなわないため、なかなか実行に移してもらえないのが現実でしょう。また、継続させる仕組みを持たないため、どうしても対症療法

になりがちであり、時間の経過とともに忘れられてしまったり、マネージャーが変わると元の状態に戻ったり、といったことになってしまいます。

　時には、人事があれこれとリアクションをすることで、現場からうるさがられて軋轢が生じてしまうこともあるでしょう。その結果、人事担当者には徒労感ばかりが残ることになってしまいます。

STEP ZERO

STEP 1

STEP 2-1

STEP 2-2

STEP 2-3

STEP 3

「下手な鉄砲
数打ちゃ当たる」は
危険です

3 運用の障害となっている課題整理

　ここで取り上げた6つの課題は、いずれも人事施策上重要なものだと認識しておく必要があります。これらの課題の解決のためには、まずは人事担当者の皆さんが、人事制度の最終目的は経営戦略に資することだと考え、その実現へ正しく運用してもらう必要があると強い意思をもつ必要があります。さらに、課題の解決策を検討するにあたっては、運用全体の中で、どこに機能不全の原因が潜んでいるのかを分析する必要があります。

　社員の制度理解に原因があるのか、目標の設定にほころびがあるのか、評価のやり方がおかしいのか、などを分析して、何が運用の障害になっているのか、原因（つまり課題）を究明していきます。

　それができてはじめて、対症療法ではない、効果的な対策を講じることができるのです。

▌課題抽出テスト

　人事担当者が、「うちにはこの部分に課題がある」と認識ができている場合は、本書の該当するSTEPを読めば、直接解決策に結びつけることができるでしょう。

　しかし、「人事運用がうまくいっていないことを感じてはいるが、具体的にどこに問題があるのかは判然としない」といった場合は、右の図にある課題抽出テストに取り組むことで、課題が明確になっていきます。

　テストは、質問に対してYes、Noのどちらかにチェックを入れていく方式です。Noが多かった項目が、特に課題となっている部分です

課題抽出テスト

Yes　No

制度理解

☐ ☐ 従業員は、人事制度がどのような背景で設計されたか**理解している**

☐ ☐ 従業員は、会社が求める人材像を**理解している**

☐ ☐ 従業員は、人事制度が求める人材の特に何を評価しようとしているか**理解している**

目標設定

☑ ☐ 定量評価の目標は、KPIに分解され定量もしくは具体的（5W1H）に**記載できている**

☑ ☐ 定性評価は、着眼点などの具体的な行動イメージが上司と部下で**設定できている**

☑ ☐ 等級ごとの目標の難易度は、**均一になっている**

評価＆フィードバック

☑ ☐ 評価フィードバック面談は、制度どおりの回数・内容で**実施できている**

☑ ☐ 降格・降給の運用は、曖昧にせず、制度どおり**実施できている**

☑ ☐ 評価調整会議では、人事が意見を言える**場になっている**

モニタリング

☑ ☑ 組織サーベイなどを通じて、人事制度の満足度を定量的に**把握している**

☑ ☑ インタビューなどを通じて、人事制度の満足度を定性的に**把握している**

Noが多いプロセスを
中心に読んでみて
ください！

モグラたたき状態にしない

人事部門において、現場から上がってくるクレームを避けて通ることはできません。

一般社員であれば、「上司の評価フィードバックに納得ができない」といったものがそれにあたるでしょうし、評価者となるマネージャーからは、「あの部署の評価はおかしいのではないか」といったものがあるでしょう。このようなクレームが目立つようになると、経営層からは、「社員に不満が出ている」「状況を改善するために、人事制度を改善してほしい」と要求されるようになります。

それらの声に対して、人事部門は対策を講じることになるのですが、本文でも述べたように、対症療法的な対応策がおこなわれることがほとんどだといっていいでしょう。

・評価者を対象にしたコミュニケーション研修をする
・人事マニュアルを再度告知する

こうした対応策は、すべて表面に現れた問題をどのように減少させるのかということに焦点が当たっています。

いわば、「How」志向であり、打ち手志向だといえるでしょう。

「How」志向・打ち手志向の問題点

では、この「How」志向・打ち手志向の何がいけないのでしょうか？

対症療法は、例えば、頭痛のときには、とりあえず鎮痛剤を飲んで症状を抑えるという方法をとります。しかし、このやり方では、頭痛は一時的に治るでしょうが、またぶり返すことが考えられます。なぜなら、頭痛が起こる原因までは解決できていないからです。頭痛が起こる原因が、生活習慣なのか、ストレスなのか、他の病気や

不調に由来しているのかを分析し解決できるまで、頭痛はずっと続くことになってしまいます。

　頭痛持ちの患者からは「また、頭が痛くなってきた」「もらった薬は意味がないのではないか」というクレームが起こり、医療機関に対する不信感まで生まれかねない事態が起こります。

　つまり、人事でいえば、いったん落ち着いたクレームが、また別のところから生じ解決策を講じるといった繰り返しになるということです。まさに、終わりのないモグラ叩きゲームを続けるようなもので、いつまでたっても人事担当者は苦労から解放されないでしょう。

『原因分析』を行い、解決策を設定する

　だからこそ、人事に来るクレームを解消するには、いきなり解決策の検討に入るのではなく、問題が生じた根本的な原因をしっかりと分析することが重要です。

　例えば、「上司の評価フィードバックに納得ができない」ことの原因となっているのは、「目標設定が適切におこなわれていないからだ」ということがわかれば、「評価者を対象にしたコミュニケーション研修」ではなく、「適切な目標設定を行うためのトレーニング」が正しい解決策になるはずです。正しい解決策を実施できれば、根本的な原因が解消され、モグラたたきのような徒労感はなくなるはずです。

　そういった意味で、製造や営業部門に求められるイメージの強い「問題解決力」は、まさに人事に求められるのです。

STEP ZERO

STEP 1

STEP 2-1

STEP 2-2

STEP 2-3

STEP 3

改善施策の設計：制度理解

現場に人事制度を
正しく理解してもらう

STEP1

運用課題の抽出

STEP2

改善施策の設計

2-1
制度理解

2-2
目標設定

2-3
評価&
フィードバック

STEP3

定期モニタリング

1 人事制度の理解度合い

このSTEPのポイントは、「なぜ、自社では現在の人事制度を採用しているのか」＝「人事制度の意義」を従業員に理解してもらうことです。中でも、評価者となるマネージャーの理解は、人事制度運用においては必須であると考えましょう。

つまり、「How」＝「どうやって目標設定や評価をするのか」についての理解ではなく、「Why」＝「なぜそれをおこなうのか」について、特に理解を深めてもらうことです。

▍現状の認識から第一歩を

人事制度に携わる人にとっては残念なことなのですが、多くの会社において、従業員の大半は人事制度をよく理解していないという事実を認識しておく必要があります。

規模の小さな会社では、よく理解していないどころか、人事制度の存在が知られていないということさえあります。

また、評価される立場となる一般社員のみならず、評価に責任を持つべきマネージャーであっても、理解度にあまり変わりがないという場合もあります。

真剣に取り組んでいる人事担当者にとっては不本意なことですが、正しい現状認識なくして有効な対策は立てられないと考えて、第一歩を踏み出しましょう。

右に示したのは2015年とやや古い調査ですが、人事評価研修の導入率は約7割となっており、3割の企業では研修すらおこなわれていません。また、研修を実施している企業についても、多くは管理職昇進時の実施です。このような状況では、人事制度の意義への理解が従業員に浸透しているとは想像し難いといえるでしょう。

STEP ZERO

STEP 1

STEP 2-1

STEP 2-2

STEP 2-3

STEP 3

人事評価研修の実施度合

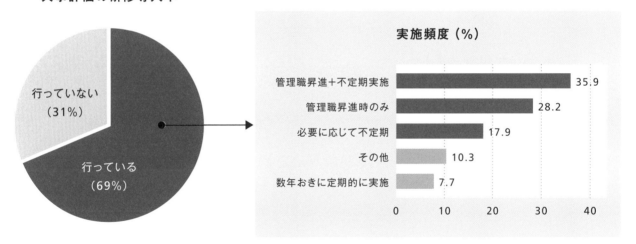

人事評価の研修導入率

行っていない
（31%）

行っている
（69%）

実施頻度（%）

管理職昇進＋不定期実施	35.9
管理職昇進時のみ	28.2
必要に応じて不定期	17.9
その他	10.3
数年おきに定期的に実施	7.7

0　　10　　20　　30　　40

出所：『労政時報』「成果・業績の評価と処遇反映に関する実態調査」
調査期間：2015年9月14日〜2015年11月27日
有効回答：115社（内1,000人以上規模44社）

2 ガイドブックとマニュアルの整理

　現場のマネージャーや一般社員に人事制度を理解してもらうためには、まずは説明資料を整備して配布することが必要です。

　一般的に用いられる説明資料には、「人事制度ガイドブック」と「人事評価マニュアル」の2つがあります。両者は混同されることもありますが、役割は明確に異なります。両方とも、人事制度の運用には不可欠なものになりますので、それぞれの目的をしっかりと認識して、整備をすることが大切です。

　人事制度ガイドブックは、人事制度の全体像を捉えて、次のような事項を解説するものです。
・人事制度とは何か
・制度の全体構造と制度要素の具体的な中身
・なぜこのような制度になっているのかという理由

　一方、人事評価マニュアルは、人事評価に限った内容について解説するものです。
・どのような評価制度になっているのか
・いつ、誰が、どのような基準で評価をおこなうのか
・評価の正しい考え方と間違った考え方

　先述のとおり、ガイドブックとマニュアルのどちらかしか用意していない会社もありますが、両者の役割は異なるものなので、必ず両方を作成・配布する必要があります。

■ 人事制度ガイドブックは、人事制度の目的、構造、内容などを説明する

　人事制度ガイドブックについて、もう少し詳しく見ていきましょう。

　人事制度ガイドブックは、人事制度の全体像を説明するためのものです。全体像とは、制度の目的、全体構造、構造要素の内容、およびそれらの意義などで構成されています。本書のSTEP ZEROでざっくり述べたような制度の全体像をもう少しかみ砕いて、現場の社員にも理解できるようにしたもの、というイメージで捉えておけばいいでしょう。

　人事制度ガイドブックは、新入社員に人事制度を把握してもらうために、入社時期に必ず読んでもらうという役割があります。また、人事制度について何かわからないことがあったときに、従業員に参照してもらうという役割もあります。

	人事制度ガイドブック	人事評価マニュアル
目的	・人事制度構築の背景・目的理解 ・人事制度の具体的な内容の理解	・人事評価の目的や考え方の理解 ・人事評価の具体的な内容や実施方法の理解
主な内容	人事制度全般 （等級・評価・報酬）	評価制度のみ
対象者	全社員向け	全社員向けだが 評価者向けと被評価者 向けに分ける
使用頻度	少ない	多い

必ず両方を
そろえましょう!

STEP ZERO

STEP 1

STEP 2-1

STEP 2-2

STEP 2-3

STEP 3

また、ガイドブックの構成は以下の3つになります。

1　人事制度の目的と構造

一般的には、経営戦略を推進するために必要な人材の質、および量を確保して、組織化することが人事制度の目的となります。しかし、その基本的な目的自体、現場の社員には理解されていないことが普通です。その点をまず、きちんと説明しておく必要があります。

また、経営戦略、目指す人材・組織像、等級制度、評価制度、報酬制度、教育制度が、全体的にどのような構造・関係にあるのかを説明します。

2　自社の目指す人材・組織像

経営戦略を実現させるために必要な人材とマネジメント方針を説明します。なぜ自社は現在の制度を採用したのか、この制度によってどのような人材・組織を育みたいのか、といった内容です。

3　各制度の詳細説明

人事制度の要素には、等級制度、評価制度、報酬制度があります。教育制度を要素に含めることもありますが、狭義の人事制度では含めない場合もあります。

ガイドブックでは、等級制度、評価制度、報酬制度のそれぞれについて、それらがどんなものであり、なぜ現行の制度となっているのかという点を説明します。

例えば、等級制度の項目であれば、「等級とは何か？」にはじまり、等級の種類、等級フレーム、各等級の定義といった内容となるでしょう。

また、評価制度であれば「人事評価とは何か？」にはじまり、何を評価の対象にするのか、評価と処遇とはどのような関係にあるのか、評価の種類には何があるのか（成果、行動、など）、具体的に評価はどのようにつけられるのか（絶対評価、相対評価、など）、評価の基準はどのように設定されているのか、などを解説します。

What と Why を説明するツール

以上の説明からわかるように、人事制度ガイドブックでは主に「人事制度とは何か」（What）と、「なぜそのような制度になって

人事制度ガイドブックの目次例

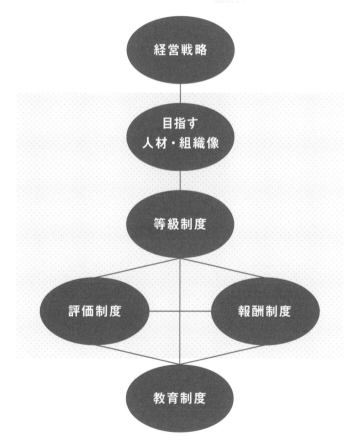

：ガイドブックの範囲

STEP ZERO
STEP 1
STEP 2-1
STEP 2-2
STEP 2-3
STEP 3

いるのか」（Why）を説明し、理解してもらうためのツールだといえるでしょう。

　あくまでも、制度の主旨と全体像を理解してもらうためのツールですから、人事制度ガイドブック自体に、就業規則や労使協定などの細かな内容をすべて盛り込む必要はありません。それらの文書は別途で用意をしておき、必要に応じてそちらを参照してもらえばよいのです。あまり細かいことまで盛り込んでしまうと、現場の社員は読むのが嫌になってしまうので注意が必要です。

人事評価マニュアルは評価のやり方を具体的に示す

　続いて、人事評価マニュアルについて、もう少し詳しく見ていきましょう。

　人事制度ガイドブックが、主に人事制度の「What」と「Why」を説明しているものであるのに対して、人事評価マニュアルでは、人事評価の具体的なやり方、つまり「How」を解説します。

　人事評価マニュアルに掲載すべき具体的な内容は、次のようなものです。

・評価の基本的な考え方、原則
・何を評価の対象とするのか（目標管理、行動評価など）
・評価方法はどうなっているのか（絶対評価、相対評価、評価項目、段階など）
・誰が評価するのか（1次評価者、2次評価者など）
・いつ評価するのか（評価プロセス、スケジュールなど）

　人事評価マニュアルは、評価をする評価者向けのものとなることが基本です。しかし、被評価者であっても、これに目を通すことで、自分がどのような観点から評価されるのかを理解できるようになります。また、自己評価をする際の参考にもなります。そのため、評価者と被評価者向けの2つを用意するとよいでしょう。

明快かつ一義的な記述が必須

　人事制度ガイドブックが制度の全体像やその意義をつかむためのものであるのに対して、人事評価マニュアルは文字どおり評価のため

STEP ZERO

STEP 1

STEP 2-1

STEP 2-2

STEP 2-3

STEP 3

人事評価マニュアルの目次例

Ⅰ．人事評価実施における基礎知識

   Ⅰ-1．人事評価の基本原則

   Ⅰ-2．評価者の役割

   Ⅰ-3．本人評価の意味

Ⅱ．人事評価全体像の説明

   Ⅱ-1．評価項目とウエイト

   Ⅱ-2．評価方法

   Ⅱ-3．評価のプロセス

Ⅲ．人事評価制度運用スケジュール

Ⅳ．各時期の実施事項&注意点

   Ⅳ-1．期初実施事項

   Ⅳ-2．期中実施事項

   Ⅳ-3．期末実施事項

Human Resource
Grow Up !

のマニュアルです。したがって、評価を実施する際に、実際に利用できる内容でなければ意味がありません。

　評価を実施する際に必要となる情報はすべて載せる必要がありますが、その際には、誰が見ても明快かつ一義的に理解できる記述であり、書かれているとおりにすれば、適切な評価ができる記述になっていなければなりません。

　情報に抜け漏れがないのはもちろん、読みようによって解釈にバラツキが出るような曖昧な記述ではマニュアルとしても役割を果たせないでしょう。

さらに言うと、マニュアルは動画にしておくとよいです

STEP ZERO
STEP 1
STEP2-1
STEP 2-2
STEP 2-3
STEP 3

3 制度説明会の内容とポイント

　いまある人事制度の運用のためには、ガイドブックとマニュアルを読んで理解してもらうことが大切ですが、新しく人事制度を導入したり、部分改定したりした場合は、人事制度説明会を開催する必要があります。

　特に、全面的な新規導入や大幅な改定をした場合は、少なくとも次の2段階の説明会を開催する必要があるでしょう。

（1）概要説明会

　人事制度の改定の理由、目的や、新制度のコンセプト、概要などを説明

（2）詳細説明会

　新しい等級制度、評価制度、報酬制度などの詳細、および具体的な運用方法を説明

　人事制度への理解を深めて適切な運用をおこなうためには、これらの説明会を、全社を対象として1度ずつおこなうのではなく、例えば、役員向け、マネージャー向け、一般社員向け、などのように階層別に、あるいは部門別に、参加対象を分けて開催します。そのため、企業規模にもよりますが、概要説明会と詳細説明会をそれぞれ3〜4回ずつ開催す

る場合もあります。

　また、制度説明会では人事制度ガイドブックを説明資料として用いるので、ガイドブックの存在をアピールすることにもつながります。

概要説明会では、必ずトップがメッセージを発する

　制度説明会で重要なのは、必ずトップマネジメント、できれば社長がメッセージを発することです。なぜなら、人事制度の改定は、それ自体が目的ではなく、経営戦略を効率的に実現することを目的としているからです。

　今回の人事制度改定について、いかに経営戦略実現に資するものとして策定されているか、さらには、会社としてどのような人材を求め、どのような人材に報いていく用意があるのかを説明する役割は、トップが担うべきものでしょう。

トップのメッセージは動画にする

　「昨今の経営環境の変化にともない、我が

社が取り組むべき新たな経営戦略について……」といった内容を、ボードメンバーでもない人事担当者が語るのと、トップマネジメントが語るのとでは、語られる内容が同じであったとしても、受け取る側の従業員の納得度は天と地ほど違ってきます。

会社として「新しい人事制度を運用していくのだ」という強い意志があることを、現場に理解してもらうためにも、トップマネジメントが語るべきなのです。

しかし、多忙なトップマネジメントが、1回ならともかく複数回開催される説明会に毎回出席して同じことを話すというのは、非現実的です。

そこで、私たちがおすすめしているのは、トップのメッセージを動画撮影し、説明会ではそれを再生して伝えるという方法です。これによって、いわば「錦の御旗」が立てられることになるので、説明会の進行がスムーズになります。

制度説明では 100％の理解を目指さない

制度説明会では、評価者に評価の原則、注意点などを学んでもらわなければなりません。しかし、1回や2回の説明会で、参加者全員にすべてを理解してもらうことは、実際には困難です。その場では理解できたと思ったことでも、期末の評価のときになったら忘れてしまうということもあるでしょう。

そこで考え方を変えて、「制度説明会では、100％の理解を目指さなくてもいい」と割り切ってしまいます。

制度説明会の場では、ある程度の骨子を理解してもらえばよく、あとは、実際の目標設定や評価面談をやりながら、実地で理解を深めてほしいと評価者に伝えます。

その場合、面談の前日などに、マニュアルや資料を見直してもらう必要はありますが、説明会であれもこれも学ばなければならないというプレッシャーは減るはずです。たくさんのことを覚えるのが面倒になって、途中で投げ出してしまうことも少なくなるでしょう。

STEP ZERO

STEP 1

STEP 2-1

STEP 2-2

STEP 2-3

STEP 3

声の大きい人には、
事前に個別説明
しておくと
スムーズです

求める人材像と評価思想は しっかり伝える

　しかし、一方では、「どうしてもここだけは腹に落ちて理解してもらわないと困る」というポイントがあります。それが「人事制度のコンセプト」です。

　先述したとおり、人事制度は、会社のミッション、ビジョン、バリューと経営戦略から演繹されるものであり、そのコンセプトとは「どのような人材に対して評価・報酬で報いたいのか？」「その人材像と評価思想」といったことを指します。

　このコンセプトだけは、評価者となるマネージャーには必ず理解してもらわなければなりません。

　人事制度のコンセプトが理解できていなければ、被評価者から、「なぜこれが評価されないのか」「なぜこの目標ではだめなのか」といった疑問が出された際に、十分に納得のいくフィードバックができないでしょう。そうなると、結果として、部下の不満が溜まってモチベーションを下げてしまい、人事制度の目的を達成できないことにつながります。

　逆に、評価者が人事制度のコンセプトをしっかり理解していれば、「モチベーションを高めたい人はこういう人材だから、そのような人に報いるべきだ」「経営戦略と一致する行動は評価を高めたほうがいい」「被評価者の行動は会社が求めているものから外れているということをきちんとフィードバックすべきだ」といった具合に、評価の質が高まっていきます。評価の質が高まることで、被評価者の納得感が増し、モチベーションが上がっていきます。

　評価者は、部下の今期の行動が評価Aになるかになるか、ということを考える前に、根底にある人事評価のコンセプトを理解しておくことがとても重要だといえるでしょう。

制度説明会では、人事制度のコンセプト理解が最重要

どのような人材に対して評価・報酬で報いたいのか？を明確にし、
その人材像と評価思想、つまりコンセプトを現場に共有し続ける

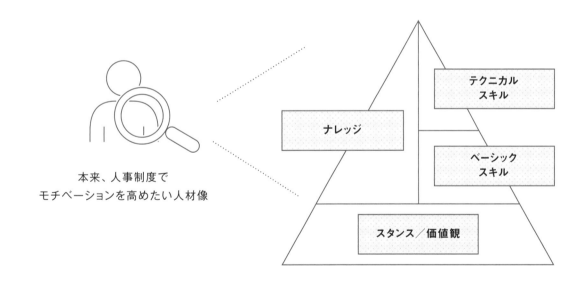

本来、人事制度で
モチベーションを高めたい人材像

STEP ZERO
STEP 1
STEP 2-1
STEP 2-2
STEP 2-3
STEP 3

4 評価者／被評価者研修の内容とポイント

　新入社員に現場での業務を教える際は、OJT（On the Job Training）はもちろんのこと、業務マニュアルなどを支給することになります。また、それだけではなく、研修などを実施して、少しずつ新人たちを育成していくはずです。

　人事評価をする評価者、被評価者についても、これとまったく同じことがいえます。

■ 評価者、被評価者トレーニングの重要性

　人事評価のポイントを評価者、被評価者が自然に身につけるということはないでしょう。そこで、人事担当者は、評価運用を機能させるために、評価者、被評価者に向けたトレーニングをする必要があります。

　評価者に対しては、評価者マニュアルを作成して評価者研修を実施し、ロールプレイングをおこなうなどして、評価者としてのあるべき態度・行動を身につけてもらうようにします。また、被評価者に対しても、面談の受け方を学んでもらうようにします。被評価者は人数が多いので、マニュアルや研修の他にも、ｅラーニングの活用などが考えられるで

しょう。

　多くの会社では、評価者研修は実施されていても、被評価者に対するトレーニングは必要だと思っていません。双方の理解があってはじめて、評価が機能するのだと考えましょう。

■ 上司・部下が相互に理解しておくこと

　続いて、評価者・被評価者が理解しておくべき３つのポイントについて見ていきましょう。

　この３点について、評価者となる上司と、被評価者となる部下が相互に正しく理解をすることで、適正な評価がおこなわれるようになります。逆をいえば、この３点のどれかが欠けていたり、評価者・被評価者の一方しか理解できていなかったりした場合、人事制度は円滑な運営ができなくなってしまいます。

①評価の原則

　評価とは、被評価者の報酬や処遇を決めるためだけにおこなうものではありません。評価は、経営戦略の実現に必要な人材を育成

全員が理解しておくべき内容

1 評価の原則

- ■ 人事評価は、人材育成が目的
- ■ 人事評価の３大原則

2 具体的な実施内容

- ■ 期初にやるべきこと
- ■ 期中にやるべきこと
- ■ 期末にやるべきこと

3 実施における注意事項

- ■ 評価フィードバック面談の時間をしっかりとる
- ■ 評価の根拠を伝える
- ■ 会社のせいにしない
- ■ 評価エラーに注意する

STEP ZERO
STEP 1
STEP 2-1
STEP 2-2
STEP 2-3
STEP 3

し、活用するためにおこないます。面談では、マネージャーはチームの方向性とメンバーへの期待を、メンバーは成果と行動を、正しく相互に伝えることが求められます。

②具体的な実施内容

評価者は、期初にはチームおよび個人の目標設定を、期中には行動記録や目標達成の進捗確認、指導・フィードバックを、そして期末には、評価と評価結果のフィードバックをおこないます。

このときポイントとなるのは、期末の評価だけが評価者の役割ではないという点です。評価期間を通じて、評価者は自身の役割を理解して評価にあたらなくてはなりません。被評価者の方でも、評価期間のそれぞれの時期に、どのような項目がおこなわれるのかを理解しておくことで、コミュニケーションギャップを埋めることができます。

なお、目標設定と評価＆フィードバックについては、STEP2-2、STEP2-3で詳細に解説します。

③実施における注意事項

評価を実施するにあたっては、さまざまな注意事項に気を配る必要があります。例えば、評価フィードバック面談の時間を十分にとること、具体的事実に則った根拠を伝えること、他の評価者や会社（制度の不整備）のせいにしないことなどが挙げられるでしょう。

評価者としての心構えがしっかりとしていれば、自然に言動も伴ってきます。同じ内容を伝えるのでも、伝え方ひとつで、被評価者の受け止め方が変わってくることに注意する必要があります。

また、評価エラーには、「好き嫌いや人間性で評価する」「直近の出来事に惑わされる」「これが良ければあれも良いはずと見込んでしまう」「自分を基準にしてしまう」などが挙げられます。被評価者の側は、このような評価エラーが起こっていないか、注意を払う必要があるでしょう。

人事評価は部下の育成が目的

人事担当者が、1次評価者となる課長クラスのマネージャーに「評価フィードバック面談をしっかりやってください」と促すと、

代表的な評価エラー

評価区分	評価基準
ハロー効果	一部の鮮明な事実（大きな成功、大きな失敗、特徴的な日常行動）に惑わされ、全体の評価がそれに影響されてしまうこと。
中央化傾向	①部下（被評価者）の業績・行動を把握しきれていないことから評価を良くも悪くもつけられない、②或いは評価に差をつけることを好まない気持ちから、「とりあえず標準で・・・」と平均点近くをつけてしまうこと。
寛大化傾向	全体的に部下（被評価者）に甘く評価をしてしまうこと。特に、よく知っている者や親しい者の場合にこの誤差が生じやすい。
対比誤差	部下（被評価者）を評価する際、自分（評価者）と比べて評価をつけてしまうこと。評価者の特徴と反対の方向に部下を評価する傾向が見られる。 ①自分（評価者）の能力が高いものは部下（被評価者）の能力が低く見える。 ②自分（評価者）の能力が低いものは部下（被評価者）の能力が高く見える。
直近効果	期末近くの印象に引きずられて、評価期間全体の評価をつけてしまうこと。

STEP ZERO

STEP 1

STEP 2-1

STEP 2-2

STEP 2-3

STEP 3

「どうせ最後は上が評価を決めてしまうのに……」と反論されることがあります。たしかに、課長がおこなった1次評価は、2次評価と評価調整会議を経て、大きく変わってしまうこともあるでしょう。課長としては、「自分が下した評価など、会社の都合で変えられてしまうのだから、ザックリでいいだろう」と思ってしまうのは、わからないでもありません。

　特に、評価調整会議で相対評価が採用されている場合は、1次評価の結果が変わることもしばしばあります。

　相対評価とは、例えば、評価が「S、A、B、C、D」の5段階に分かれているとして、全員に対するそれぞれの評価の配付割合を、1：2：4：2：1とする、といったようにあらかじめ決められているものです。100人の被評価者がいるなら、S＝10人、A＝20人、B＝40人、C＝20人、D＝10人のような配分になります。

　一方、相対評価に対して絶対評価という方法があり、こちらは配付割合を決めずに、被評価者個人に対する評価だけで、ランクがつけられるものです。

　2次評価以降が相対評価となっている場合は、マネージャーがA評価とした人が、最終的にB評価とされるといったことはありますが、だからといって1次評価がいい加減でいいということにはなりません。

　なぜなら、評価フィードバック面談は評価の結果を伝えるだけが目的ではないからです。なぜそのような評価になったのかという、「事実をフィードバックし、育成につなげる」のが評価・面談の目的なのです。

　被評価者の期中の態度・行動において、何が良かった点で、何が悪かった点かという事実は、評価がAであれBであれ、変わらないものです。フィードバック面談におけるマネージャーの役割は、それをしっかりと相手に伝える必要があります。

　「評価フィードバック面談は評価を伝える場」だという誤解を解き、評価の根拠となる事実を伝え、部下の能力開発につなげる場であることを、マネージャーに理解してもらうことが重要です。

　「どうせ最後は上が評価を決めてしまうの

STEP ZERO
STEP 1
STEP 2-1
STEP 2-2
STEP 2-3
STEP 3

評価の目的

大切なのは人材育成や人材活用。そのために会社は求める人材像を、
マネージャーはチームの方向性とメンバーへの期待を、メンバーは成果と行動を伝えることが求められる

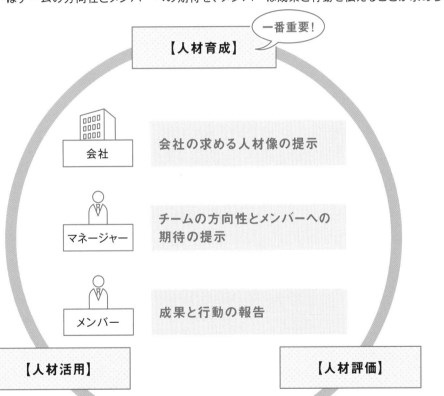

に……」という反論があったときは、人事担当者はこのことをしっかりと伝えるようにしましょう。

評価制度の3大基礎原則

また、評価の3つの基礎原則も合わせて理解してもらうことが重要です。

1. 表面化された成果と態度・行動のみが評価される

人事評価の対象となるのは、業務の成果や実際にとられた行動など、目に見える、顕在化された部分のみです。では、目に見えない潜在的な部分には何があるのかといえば、例えば、その人の保有能力ややる気・意欲などといったものです。

部下を指導する場合には、この目に見えない部分も含めて考慮し、その人の潜在能力を引き出すような指導をすることはとても大切です。しかし、指導と評価は別なので、評価においては、目に見えない部分は評価項目に含めてはいけません。なぜなら、客観的な判断ができないからです。

2. 評価期間中の成果・行動のみが評価される

評価期間はあらかじめ決められているので、その期間よりも前の成果や行動は評価の対象にはなりません。同様に、「将来への期待を込めて」といった、評価期間を先取りしたものは評価には含まれません。

3. 制度で定められた評価項目のみが評価される

たまにあるのが、部下の良いところを掬い上げようとして、「飲み会の幹事を積極的に引き受けてがんばっている」などといった、業務以外の項目を評価してしまうことです。これは評価者の価値観によるものであって、人事制度で定められた評価項目には含まれていません。人事制度以外の項目で評価をしてしまうと、評価の軸にバラツキが出てしまいます。

3つの基礎原則は、人事の皆さんからすれば当たり前の知識かもしれません。しかし、ほとんどの評価者は完全には理解できていません。そのため、例えば評価調整会議などで、保有能力ややる気を一生懸命説明してしまうのです。

評価制度の₃大基礎原則

表面化された成果と態度・行動のみが評価される

評価期間中の成果・行動のみが評価される

制度で定められた評価項目のみが評価される

STEP ZERO

STEP 1

STEP 2-1

STEP 2-2

STEP 2-3

STEP 3

3つの基礎原則は、評価研修で重点的に伝えるのはもちろん、毎年の評価調整会議の冒頭などで人事から伝えるなどして、継続して説明するのが良いでしょう。

■ アウトプットで理解を定着させる

評価者研修の必要性を感じて、研修を開催する会社は、以前に比べると増加する傾向にあります。しかし、大半の会社の研修内容は、人事評価マニュアルなどを用いながらの講義形式で、人事からの一方的な説明で終わってしまっているようです。これでは、せっかく研修を実施しても、高い効果は上げることはできないでしょう。

研修の効果を高めようという意欲のある会社では、講義に加えて、受講者同士のロールプレイングや、評価の記載練習などをおこなっています。

また目標設定についても、手を動かしてもらいながら、具体的に目標の設定方法を学んでいきます。この場合も、間違えたり試行錯誤をしたりしながらアウトプットをすることで、短時間で効果的な定着が可能になります。

このようなアウトプットの仕掛けを準備するのは、少し手間がかかりますが、実施すれば大きな効果を上げることができるでしょう。

■ クイズ形式で定着させる

例えば、私たちが研修メニューを作成する場合は、クイズ形式のプレゼンテーション資料をいくつか用意して、受講生同士でディベートをしながら理解を深めてもらう、といった仕掛けを用意します。

【問題】
人事評価では「成果」だけではなく、成果の達成に寄与する「本人が保有している能力」も併せて評価することが求められる（選択肢 ⭕ or ❌）

【正解】
❌ 本人が保有している能力は評価対象にしない

クイズ例

STEP ZERO

STEP 1

STEP 2-1

STEP 2-2

STEP 2-3

STEP 3

Q1 人事評価の一番の目的は、従業員を公平に評価することで「適切な利益（報酬原資）の配分」を行うことである

解説 適切な報酬原資の配分は人事評価の一番の目的ではない。人事評価の目的は「人材育成」「人材活用」「人材評価」の3つであり、適切な報酬原資の配分はあくまでそれら3つを実現するための手段である。

Q2 人事評価では「成果」だけではなく、成果の達成に寄与する「本人が保有している能力」も併せて評価することが求められる

解説 本人が保有している能力は評価対象にしない。
本人が保有している能力ではなく、目に見える行動（発揮力）を評価することが求められる。

Q3 人事評価では、制度で定められた評価軸や期間に限定せず、成果に寄与する重要な事象があれば、部門毎に評価軸や評価期間を増やして評価をしたほうが良い

解説 評価軸・評価期間を勝手に増やしてはいけない。
人事制度の原則では決められた評価の基準に従って評価をすべきといわれている。ましてや、好き・嫌いなどで評価をすることは決してあってはならない。

評価者はもちろん、
被評価者に理解して
もらうことが重要です

【解説】

　人事評価では、本人が保有している能力ではなく、目に見える行動（発揮能力）を評価することが求められる。

　このようなクイズを研修の場でやってもらうと、ベテランのマネージャーでも意外と間違った答えを出してしまうことがあります。また、ペーパーテストでは正解を書くことができても、コミュニケーションの場では雰囲気に流されて、誤った答えになることもあるでしょう。誤った答えであっても、「以前学んだじゃないですか」といった具合に場が盛り上がって、記憶に定着していくことになります。

STEP ZERO

STEP 1

STEP 2-1

STEP 2-2

STEP 2-3

STEP 3

外部のコンサルを使うメリット

人事制度ガイドブックや人事評価マニュアルなどの作成、評価者研修メニューの策定や実施は、人事部門が自前でおこなうこともできます。

自前で作成、策定、実施をすればコストがかからないため、人事担当者に余裕があるのなら、そのほうがよい場合もあるでしょう。

一方で、それらの作成や策定を外部のコンサルティング会社に依頼することもできます。外部に依頼した場合は、コストが発生するというデメリットがありますが、実作業が省けるということ以上にメリットが得られる場合もあります。

現場、特に評価者となるマネージャー層は、人事に対して「面倒ごとを押しつけてくる部署」だという印象を持ちがちです。

人事制度を改定すれば「なんの意味があるんだ？」と、評価者研修を実施すれば「この忙しいのに2時間も3時間も使わせて」と、時には陰で、時には面と向かって文句をいわれることは、残念ながらよくあるのです。

このような文句に対して、基本的に、人事は説明とお願いを繰り返して協力を仰ぐしかありません。一般的な企業において、人事の立場は、どうしても弱くなる傾向にあるのです。

文句ばかりで運用が進まないなら

このような状況では、人事制度ガイドブックや人事評価マニュアルなどの作成、研修メニューの策定や実施を、外部のコンサルティング会社に委託することでメリットが生まれます。実績あるコンサルタントによるある種の「お墨つき」が与えられているので、「専門知識をベースにして作成したものですから、活用したほうがいいですよ」と、現場に対して強く出る……とまではいいませんが、根拠を示すことができるのです。

虎の威を借る狐のようで釈然としないかもしれませんが、文句ばかりでなかなか人事制度の運用が進まないのであれば、外部の力で説得をするのも有効な手立てといえるでしょう。

過度な自前主義は、かえって運用不全につながるかもしれません

STEP ZERO

STEP1

STEP 2-1

STEP 2-2

STEP 2-3

STEP 3

STEP 4

改善施策の設計：目標設定

戦略と等級に合致した目標を設定する

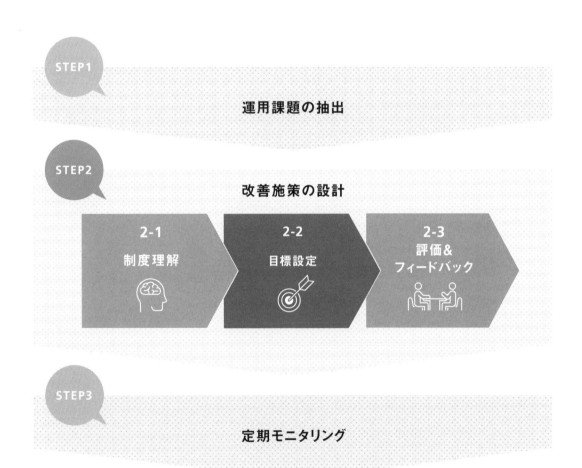

STEP1

運用課題の抽出

STEP2

改善施策の設計

| 2-1 制度理解 | 2-2 目標設定 | 2-3 評価＆フィードバック |

STEP3

定期モニタリング

1 目標設定の重要性

　ここからは目標設定の方法について解説していきますが、その前提として、目標設定の重要性についてまず確認します。なぜなら、目標設定の重要性は、理解されているようでいてあまり理解されていないためです。人事担当の皆さんは、ぜひこれから説明する内容を理解し、評価者に研修などを通じて伝えましょう。

　まずはMBOや業績評価といわれる定量評価の目標設定についてお話しします。

▌人事評価に納得していない 従業員は6割を超える

　目標設定の重要性を解説するために、まずは人事評価の納得度から見ていきましょう。

　人事評価を受ける部下の半数以上は、自分に対する評価に納得していないことが、調査データから明らかになっています。自社でのサーベイ調査を実施している企業であれば、このような現状があるということに気づいているかもしれません。

　この結果を受けて、「厳しい評価がつけられれば不満に感じるのは当たり前だ」「別に被評価者の納得を求める必要はないのではな

いか？」と考える方もいるかもしれません。しかし、厳しい評価がつけられることと、評価制度そのものに対しての納得が得られないことは、まったく別の話です。

▌不納得がモチベーション低下を招く

　評価への納得度は、目標の達成に向けた従業員のモチベーションに大きな影響を与えます。評価に対して納得が得られていれば、たとえ厳しい評価だったとしても、「今期の自分の仕事ぶりでは、この評価になるのも仕方ない」と感じられ、むしろ、「来期は取り返すようにがんばろう」という前向きなモチベーションにつながる面もあります。

　しかし、評価そのものに納得していない状況で、厳しい評価がつけられていると感じた場合は、「自分はがんばっているのに、こんな評価であるのはおかしい」という不満が残ります。結果として、会社への不信感が高まり、モチベーションの著しい低下につながるのです。また、自分では大して働いていないと思っていたのに、高い評価が得られた場合も、「会社はこんないいかげんな評価をする

評価への納得度合い

不納得	納得

62.3%

37.7%

出所：アデコ株式会社「人事評価制度」に関する意識調査
調査期間：2018年2月7日（水）〜 2018年2月12日（月）
有効回答：1532人（全体）＊各項目に回答者数を記載　調査方法：インターネット調査（日経BPコンサルティング調べ）

STEP ZERO
STEP 1
STEP 2-1
STEP 2-2
STEP 2-3
STEP 3

のか」という印象を与えるので、やはりモチベーションの低下につながることになります。

モチベーションの低下は、当然ですが、組織の活性度や生産性の低下に結びついてしまいます。

組織を成立させるモチベーション

ここで、「そもそも組織とは何か」ということを考えてみましょう。

例えば、コワーキングスペースに50人の利用者がいて、皆がそれぞれ自分の仕事をしていたとします。それは同じ場所を利用している人の集団であっても、組織とは呼ばないでしょう。

では、集団と組織はどう違うのでしょうか？

米国の経営学者、チェスター・バーナードは、組織が組織として成立するためには、「メンバー間のコミュニケーション」（意思疎通）、「貢献意欲」（協働意欲）、「共通目的」（組織目的）の3つの要素が必要だと提唱しました。たとえ多くの人が同じ場所に集まって仕事をしていても、この3つがなければ、それは単なる集団であって、組織としては成立していないのです。

このうちの「貢献意欲」が、社員が仕事を通じて会社に貢献しようというモチベーションを指しています。

人事評価への不納得によって、多くの従業員のモチベーションが下がってしまえば、それは組織の成立の一角を損なうことになります。人事担当者としては、そのような事態はなんとしてでも避けなければなりません。

そのためには、なぜ人事評価に対して不満が生じてしまうのかという原因を把握し、それを取り除くことが重要です。

不満の原因は目標設定にあり

不満の原因について、人事担当者は把握をしようと努めることになりますが、この時、きちんとした分析をおこなわずに、例えば「被評価者の不満は、評価の伝え方やフィードバックがうまくいっていないために生じているのだろう」と安易に考えてしまうことがあります。

「マネージャーの伝え方やフィードバック

評価の不納得理由

評価の不納得の理由は、フィードバック時ではなく
目標設定時が一番多い

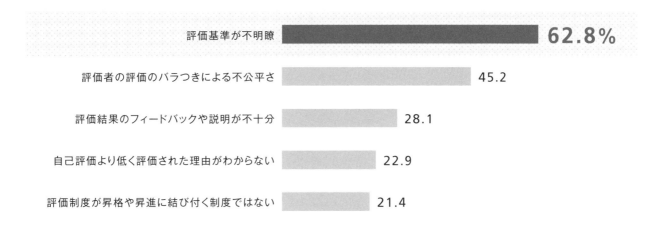

評価基準が不明瞭	**62.8%**
評価者の評価のバラつきによる不公平さ	45.2
評価結果のフィードバックや説明が不十分	28.1
自己評価より低く評価された理由がわからない	22.9
評価制度が昇格や昇進に結び付く制度ではない	21.4

出所：アデコ株式会社「人事評価制度」に関する意識調査
調査期間：2018年2月7日（水）～ 2018年2月12日（月）
有効回答：1532人（全体）＊各項目に回答者数を記載　調査方法：インターネット調査（日経BPコンサルティング調べ）

STEP ZERO
STEP1
STEP 2-1
STEP 2-2
STEP 2-3
STEP 3

の仕方などのコミュニケーションに問題の原因があるのだから、コミュニケーションスキルを向上させための研修を実施すれば良いはずだ」として、これで解決策をとることができたと勘違いしてしまうのです。

　もちろん、コミュニケーションが直接の原因であるケースもあるでしょうが、多くの場合は、目標設定が正しくできていないことがそもそもの原因だといえます。あらかじめ目標設定がしっかりとできていれば、コミュニケーションに齟齬が生じることも少なくなるはずだからです。

■ 目 標 を 達 成 す る ま で の ス テ ッ プ

　目標設定について考えるために、目標を達成するまでのステップと、各ステップで出現する問題点を見ていきましょう。

　目標達成の出発点は、経営戦略・事業戦略です。それらの実現のために、部門戦略が各部門で策定されます。そして、部門戦略を実現するための部門の目標が設定されます。営業部門ならば、その期の売上高などがそれに

あたるでしょう。

　次に、部門の目標から、部門に属する部下の個人目標が設定されます。営業であれば個人の売上目標などです。

　また、部門目標と個人目標に対して、「その期においてどれだけ達成されれば、どのような評価が得られるのか」という評価基準も定め、メンバーに伝えます。

　ここまでが、期初におこなわれる目標設定の部分です。

■ 評 価 者 と 被 評 価 者 は 「 握 っ て お く 」　こ と が 大 切

　続く期中では、個人目標達成の進捗が確認されます。最後の期末には、達成度合いに応じて評価がなされ、本人にフィードバックされます。評価の伝え方やコミュニケーションスキルに問題があったとしても、それらがおこなわれるのはこの最後の部分であり、不納得の原因のほとんどは、もっと前の段階の目標設定の中に存在しているといえるでしょう。

　一連の目標達成のステップでは、さまざまな問題が発生します。目標設定時において、

評価の納得度は、評価時ではなく目標設定時に決まる!

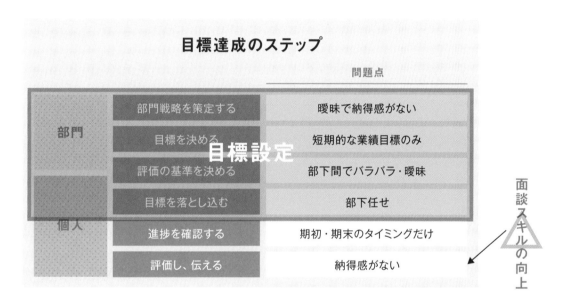

目標達成のステップ

		問題点
部門	部門戦略を策定する	曖昧で納得感がない
	目標を決める	短期的な業績目標のみ
	評価の基準を決める	部下間でバラバラ・曖昧
	目標を落とし込む	部下任せ
個人	進捗を確認する	期初・期末のタイミングだけ
	評価し、伝える	納得感がない

目標設定

面談スキルの向上

面談スキルを課題視
する方が多いですが、
実は目標設定スキルが
重要なのです!

部門戦略に納得がいかなかったり、部門目標が短絡的でビジョンに欠けているものだったり、評価の基準がバラバラで曖昧だったり、部下の目標が部下に投げっぱなしだったり……といったような問題点があると、評価者と被評価者との間で、共通の了解を持つことができない状況に陥ってしまいます。

このままでは、評価者と被評価者とが、いわゆる「握っておく」ことができないために、不納得が生じることになってしまうのです。

期初において、評価者と被評価者がしっかりと握っておき、しっかりとした納得感のある目標設定をすることが大切です。

「目標設定こそ、人事評価の軸」であることが理解できていれば、目標達成のステップは順調に進んでいくので、不納得の解消につながり、人事制度の運用もうまく回り出すことでしょう。

■ 目標設定はなぜないがしろにされるのか

このように、たいへん重要な目標設定なのですが、マネージャー層からはあまり大切だとは思われていないことが多いようです。ま

た、マネージャーだけならまだしも、人事担当者がその重要性を認識していないケースもしばしば見受けられます。

そのため、目標設定は期初におこなわれる定例行事のような扱いになり、改善が真剣に検討されることが少なくなってしまいます。

なぜ、目標設定はないがしろにされてしまうのでしょうか？　それにはいくつかの要因があると考えられます。

ひとつには、目標設定の前提となる、経営戦略や部門戦略が曖昧であるという場合です。目標設定は戦略を達成するための要素ですから、戦略自体が明確でなければ、目標も明確になりようがありません。明確な目標がないために、それぞれがんばりましょうといった努力目標になってしまい、当然ですが評価を定めることができません。

また、売上目標は必ずといっていいほどどの会社にも存在しますが、営業部門の目標が売上目標のみになってしまっているというケースがあります。数字の目標はあるのだが、組織開発や人材育成をどうするのかが、戦略の中に位置づけられていないというケースです。

2つ目には、期初に目標設定をしても、期が経過するに従って状況は変化するので、目標設定も頻繁に変えていくべきだという誤った認識があることです。これを柔軟な対応だと考えているマネージャーは多いのですが、目標設定自体を頻繁に変えてしまっていいということであれば、期初に真面目に目標設定をする意味が見出せなくなってしまいます。

さらに3つ目として、先にも述べた評価の「中央化傾向」があります。評価でメリハリがつけられていないということは、目標が達成されていようがいまいが、評価に大きな差はつかないということになります。それならば、目標設定など軽視してもよいだろうという理屈になってしまいます。

人事制度を狙いどおりに運用させて、被評価者の納得感を高めるためには、明確な戦略から位置づけられた目標設定が必要です。そのためには、目標設定は決してないがしろにしていいものではないという認識を全社員で共有されていなければならないのです。

目標設定に伸びしろがある企業が多く、目標設定は、本書の一番のポイントです

STEP ZERO

STEP 1

STEP 2-1

STEP 2-2

STEP 2-3

STEP 3

2　目標KPIツリーのすすめ

　目標設定は、まず部門ごとの戦略を策定して、そこからチーム目標を設定し、評価の基準を決めたら、部下個人の目標に落とし込みます。その際に活用できるツールが、ロジックツリーです。

　ロジックツリーは目標設定のための基本的な手法なので、「もう知っている」「日常的に使っている」と思われる読者もいるでしょうが、今一度、確認をしておきましょう。

　実際のロジックツリーによる目標設定は、マネージャーがおこないます。人事担当者は、マネージャーに「ロジックツリーを活用して目標設定をしましょう」と勧める立場になります。つまり、人事担当者は、マネージャーがロジックツリーを使えるようになるための支援をしながら、設定されたロジックツリーが機能的かどうかチェックをしていきます。また、目標KPIツリーの浸透を図るためにも、先述した評価者研修に組み込んでおくとよいでしょう。

　以下、ロジックツリー、MECE、KPIと、ビジネススキルの記述が続きますが、マネージャー層に目標設定への理解を深めてもらう
ための基礎知識として、人事担当者はしっかり把握をしておく必要があります。

ロジックツリーを作成する

　業務において目標を達成するということは、地図を使って目的地まで到達することに似ています。

　地図がないまま勘を頼りに進んでいけば、目的地にたどり着けないかもしれませんし、たどり着けたとしても遠回りして無駄な時間がかかるかもしれません。また、地図があったとしても、地図だけを見て、周囲の目印を確認していなければ、やはり正しい方向に進むことはできないでしょう。

　目的地まで最短で進むためには、まず、地図を手に入れて最適なルートを確認し、要所要所で目印を作成することが必要です。

　業務において、このような地図の役割を果たすものが、ロジックツリーです。

　ロジックツリーがあれば、業務の目標達成にいたる複数の道筋が見えてきますし、全体像を見渡すこともできます。また、いくつか

STEP ZERO

STEP 1

STEP 2-1

STEP 2-2

STEP 2-3

STEP 3

目標達成のイメージ

目標達成は、目的地までの移動と同じ
目的地に効率的にたどり着くには、地図と最適ルートを描くことが重要

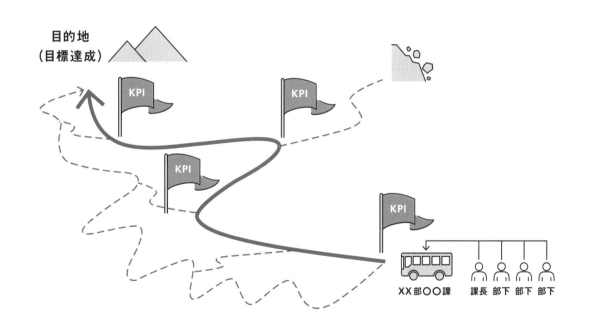

ある道筋の各部分において、どのような要素があり、どのような目印を目指して進めばいいのかがわかります。

ロジックツリーを作成する場合は、まず上位となる全体（大局）を設定して、そこから下位の要素（小局）へと分解していきます。このとき、抜け漏れのないようにするのがポイントです。

例えば、「日本人」というのが全体像であるなら、性別という観点からは「男性／女性」に分解できますし、年齢という観点なら「年少（0〜14歳）／生産年齢（15〜64歳）／高齢（65歳以上）」に分解されます。「居住地」という観点なら「国内在住／海外在住」という分解が考えられるでしょう。

また、企業に所属する人材を雇用形態の観点で分類するなら、「正規雇用／非正規雇用」といった分解が可能ですし、ポジションの観点から分類するなら「一般社員／課長職／部長職／役員以上」などに分解ができます。

このように、全体をさまざまな観点から要素に分解し、その論理的なつながりをツリー状態＝階層構造で表したものが、ロジックツリーです。ロジックツリーを描くことによって、複雑な全体像が可視化されて、構造が捉えやすくなります。

ロジックツリーは MECE で作成する

ロジックツリーに限りませんが、論理的に物事を考えるときの基本のひとつにMECEがあります。MECEは、「Mutually Exclusive and Collectively Exhaustive」の頭文字を取った略語です。「互いに重複せず、全体として漏れがない」ということを示していますが、日本語で表現するならば、「漏れなく、ダブりなく」となります。

例えば、企業に所属する人を分類する際に、「一般社員、課長職、部長職、役員以上」という枠を設けましたが、もしその企業の等級制度に「係長」という役職が規定されているのであれば、係長の人が漏れているので、MECEにはなっていません。また、役員が部長を兼務している場合があるとすれば、ダブりが生じてしまうので、やはりMECEになっていません。

MECEによって「移動経路」を考えたとき、「陸路／海路／空路」となっていれば、漏れ

MECE

ロジックツリーで要素を洗い出す際には MECE の観点を意識することが重要である
MECE＝Mutually Exclusive and Collectiverly Exhaustive。

MECE の例	MECE ではない例

移動経路

モレなく、ダブリなく

陸上の移動手段

モレがある
- A＋Bが全体に足りてない
- AとBは重なっていない

旅行

ダブリがある
- 全体には足りている
- CがA・Bの両方と重なっている

職業

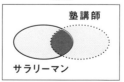

モレもあり、ダブリもある
- A＋Bが全体に足りてない
- AとBは重なっている

STEP ZERO

STEP 1

STEP 2-1

STEP 2-2

STEP 2-3

STEP 3

もなくダブりもないといえるでしょう。

しかし、「陸上の移動手段」を考えるときに、「自動車／電車」という要素を挙げただけでは、ダブってはいませんが、自転車や徒歩などが抜け落ちているので、これではMECEとはいえない例です。MECEとはいえない場合は、漏れがあるがダブってはいない、漏れはないがダブっている、漏れもあるしダブってもいる、というパターンがありますが、いずれにせよ、MECEではないという時点で、目標の漏れやダブりにつながり、良いツリーとはいえません。

■ MECE で売上高を考えてみる

では、売上高について、MECEにを検討してみましょう。売上高をMECEに分類する観点は、通常、「全体×割合」「価格×数量」「セグメント」の3つが用いられます。

全体×割合であれば、例えば「市場規模×市場シェア」、「来店客数×購買率」、「取引先への提案数×受注率」などが考えられます。
価格×数量であれば、「購買客数×1人あたり購買金額」「1店舗あたりの売上×店舗数」「購買金額×購買回数」などが考えられます。
セグメントであれば、「新規顧客＋既存顧客」「製品Aの売上＋製品Bの売上」「部門Aの売上＋部門Bの売上」などが考えられます。

いずれにしても、必ずMECEになっていることが大切です。
売上高が「購買客数×1人あたり購買金額」で決まるというのは、MECEになっており論理的です。この分類要素に着眼した場合は、売上高を増やすには、購買客数を増やすか、1人当たり購買金額を増やすか、どちらかしかないということになります。

一方、よくある間違いが、売上高を増やす要素を、「新規顧客数×1人あたり購買金額」などとしてしまうことです。
仮に新規顧客数が増えたとしても、既存顧客の1人あたり購買金額が下がれば、売上高の総額は減るかもしれません。つまり、売上高という全体に対して、「新規顧客数×1人あたり購買金額」はMECEになっていないということであり、非論理的です。

売上をMECEに分類するパターン

- 売上を分類する基本パターンは3種類。状況に応じて最初の分解を決定する
- 四則演算できる限り、必ず四則演算で分解する

STEP ZERO

STEP 1

STEP 2-1

STEP 2-2

STEP 2-3

STEP 3

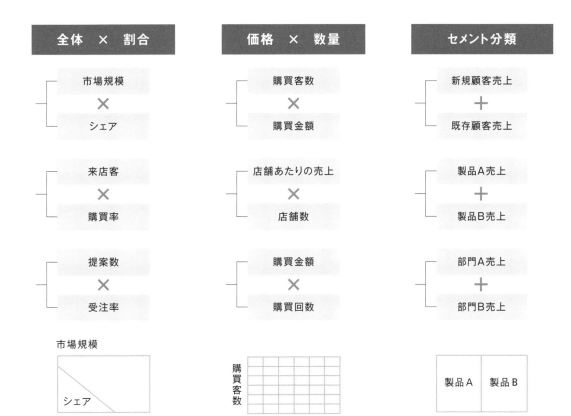

全体 × 割合	価格 × 数量	セメント分類
市場規模 × シェア	購買客数 × 購買金額	新規顧客売上 ＋ 既存顧客売上
来店客 × 購買率	店舗あたりの売上 × 店舗数	製品A売上 ＋ 製品B売上
提案数 × 受注率	購買金額 × 購買回数	部門A売上 ＋ 部門B売上

市場規模 / シェア

購買客数 / 購買金額

製品A / 製品B

また、「購買客数×商品力」といった分解をしてしまうのも、間違いであるといえます。なぜなら、商品力は数値として計測できないため、演算できないからです。

しかし、商品力を上げることで売上を増やすという発想自体が間違っているわけではありません。問題は、その要素をロジックツリーという形式に落とし込む際に、適切な形式にしていないということです。

このような場合はどうすればいいかというと、例えば、価格1,000円で年間1万個売れている現在の商品の商品力を上げて、価格2,000円で年間8,000個売れる商品にする、というように、計数化された要素に変換すればいいのです。

有名な経営学者のドラッカーは、「測定できないものは管理できない」という言葉を残しています。ロジックツリーで管理をするためには、測定できるように計数化された要素をMECEに用いることが必要なのです。

わかりやすい例として、「ネットスーパーの売上を増やす」という目標を考える際のロジックツリーを右に示します。MECEで考えるとこのようなロジックツリーが構成されま

すが、マネージャーが目標設定のためにロジックツリーをつくっていく場合も、基本的にはこのようにMECEで考えることが重要です。

目標達成の進行の目印 ＝KPIを定める

地図を見ながら目的地に向かうときは、「ここにスーパーがある、もう少し行けば郵便局が見えてくるはずだ」といったように、地図とリアルの風景とを照らし合わせて、目印を目視しながら進んでいきます。

同様に、ロジックツリーでも地図と目印を確認しながら進んでいくことになるのですが、目標達成に至る目印となるのがKPIです。

KPIは、「Key Performance Indicator」の略語で、「重要業績評価指標」と訳されています。

また、最終的な目標の達成を測る指標は、KGI（Key Goal Indicator：重要目標達成指標）と呼ばれるもので、例えば、今期の売上高といった指標がKGIになります。

先に述べたように、ロジックツリーを作成する際には、構造要素は必ず計数化された計

ネットスーパーの目標KPIツリー例

MECEに分解し、KPIを設定する

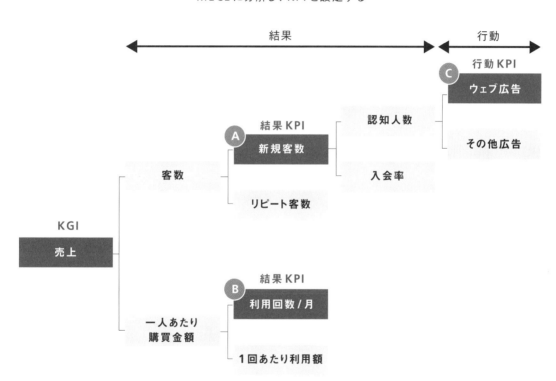

STEP ZERO

STEP 1

STEP 2-1

STEP 2-2

STEP 2-3

STEP 3

結果　　　　　　　　　　　行動

行動KPI

C ウェブ広告

　　　　　　認知人数

結果KPI

A 新規客数　　　　　　その他広告

客数　　　　　　　　　入会率

リピート客数

KGI

売上

結果KPI

B 利用回数/月

一人あたり
購買金額

1回あたり利用額

測可能なものである必要があります。なぜなら、計測可能な要素でなければ、それが達成されたかどうか評価ができないからです。

　構造要素がすべて計測可能であるということは、ロジックツリーに含まれるすべての要素は、業績指標＝ Performance Indicatorになりうるといえます。それらの要素の中でも、目標達成までの道のりにおいて、特に重要（Key）となる要素が、Key Performance Indicator ＝ KPIとなるのです。

■ インパクトとフィジビリティを 掛け合わせる

　では、どのようにしてKeyとなる要素を選べばいいのでしょうか？

　このとき、「なんとなくこの要素は重要そうだ」といったように、直感や経験から選んでしまうことがありますが、そうではなく、優先順位をしっかりと見極めることが重要です。そのために取られる方法が、「インパクト」（影響度）と「フィジビリティ」（実現可能性）という2つの特性の掛け合わせであり、掛け合わせの結果、影響がもっとも大きく、実現可能性がもっとも高いものをKPIとして

設定します。

　インパクト（影響度）とは、その要素の実現によって得られるメリットや影響力の大きさです。また、フィジビリティ（実現可能性）とは、その要素の実現に必要なコスト（人的、時間的、金銭的コスト）です。

　つまり、達成できればメリットが大きく、かつ、達成するのにコスト（時間・人・金銭）があまりかからないPIを、KPIとするというのが、KPI設定の基本的な考え方です。

■ KPIを2つに分類する

　PIの中からKPIを選定できたら、次は、KPIを2種類に分類します。

　ひとつは、自分たちの行動によって直接コントロールできるKPIで、これを「行動KPI」と呼びます。もうひとつは、自分たちの行動により直接コントロールすることが難しい「結果KPI」と呼ばれるもので、これは、行動KPIの結果次第で変化していくKPIです。

　具体的に、前ページのツリーをもとに見ていきましょう。

KPIの選定手法 インパクト×フィジビリティ

定性的な施策の優先順位を決める方法として、インパクト × フィジビリティが有効である

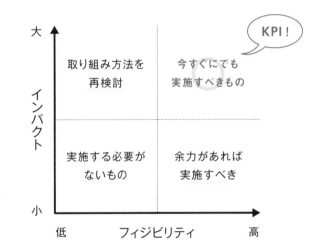

インパクト	×	フィジビリティ
その要素の実現によって得られるメリット・影響力の大きさを示す		その要素の実現に必要なコストから、実現可能性の高さを示す

Tips

よくあるフィジビリティの観点
・時間的コスト（すぐできるか、長期間か）
・人的コスト（少人数でできるか、大人数か）
・金銭的コスト（低予算でやれるか、高予算か）

広告をどれくらい出すのかというのは、予算の範囲内であれば、自分たちで直接コントロールすることが可能です。一方、顧客数がどれくらいの数になるか、あるいは1人あたりの購買金額がいくらになるのかといった要素は、直接、コントロールすることができません。

コントロールができない結果KPIは、あくまでも、行動KPIの成果が反映されたものなので、この場合でいえば、広告の効果が上がる（下がる）ことによって、顧客数や顧客購買金額が上がった（下がった）、といった展開になります。

当然、行動KPIの達成のほうが難度は低く、ツリーの階層の上位となる結果KPIの達成は難易度が高くなります。また、下位の行動KPIが多くなればなるほど、影響を与える要素が多くなるので、さらに難度が上がります。

目標設定においては、この2種類のKPIの特性を知り、部下の力量などに応じて使い分けることがポイントです。

適切な KPI の数

私たちが評価者研修などでKPIの話をすると、「KPIはいくつ設定すればよいのですか？」という質問を受けることがあります。これについては、さまざまなケースが考えられますので、一概に「何個が適切」という回答はできません。目標設定から導かれるツリーの階層数や要素数によっても変わりますし、各要素の難易度などによっても変わってきます。

例えば、飛行機のコックピットには、非常に多くのメーター、計器類が並べられており、とても複雑です。一方、自動車のコックピットにあるのは、スピードメーター、タコメーター、水温計、燃料計くらいのものではないでしょうか。

飛行機を運航するためには、気象情報、適切な高度と速度、他の航空機の状況、管制塔との連絡など、さまざまは要素が複雑に絡みあっています。これらの要素を一つひとつ確認しながら、安全に、時間通りに運航するためには、それなりのKPIが必要となるでしょう。一方の自動車であれば、カーナビを頼り

適切なKPIの数

飛行機ほどの計測器（KPI）数は運転が難しい
自動車ぐらいの計測器数が運転しやすい

〈自動車〉

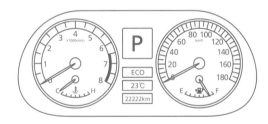

〈飛行機〉

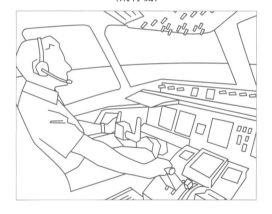

STEP ZERO

STEP 1

STEP 2-1

STEP 2-2

STEP 2-3

STEP 3

に道を進むことができるので、飛行機ほどの
KPIは必要ありません。少し具体的にすると、
大企業の経営であれば飛行機のように多くの
KPIを設定・管理する必要があります。一方
で大企業の課長クラスや中小企業は、自動車
のように誰でも理解できる少ないKPI数が良
いでしょう。

　ちなみに、私が課長クラスによくおすすめ
するKPIの数は3つ、最大でも5つです。

　ただし、注意すべきは、どちらの場合も、
インパクト＆フィジビリティで絞りこむこと
が重要だという点です。経験と勘だけを頼り
にやみくもに進んでしまっては、安全に効率
良く目的地に到着することはできないでしょ
う。

◢ 目標 KPI ツリー を 用 い た マネジメント 方法

　続いて、ロジックツリーによるKPIは、具
体的にどのように目標設定に落とし込み、マ
ネジメントしていけばいいのかを見ていきま
しょう。先述と同様のネットスーパーの例を
示しています。

　まず、売上目標のゴールがKGIとして設定
されています。さらに、ツリー構造では「新
規客数」「月当たり利用回数」「ウェブ広告件
数」の3つがKPIとして設定されています。

　このときマネージャーは、コントロールが
可能で比較的難度が低い行動KPI（ウェブ広
告件数）は、経験の浅い若い部下の目標とし
て割り当てることが妥当だと考えます。一方
の結果KPI（新規客数、月当たり利用回数）
はコントロールが不可能であり難度が高いの
で、ベテラン社員やリーダークラスの部下の
目標として割り当てることにします。

　このような考えをもとに、「行動KPIであ
るウェブ広告数は、新人の土橋さんにやって
もらう。目標は○○件でPV○○」「結果KPI
である新規客数は、ベテランの野崎さんと
山田さんに担当してもらう。目標は○○人」
「同じく結果KPIの月あたり利用回数は、経
験豊富な堀井さんと金子さんに担当してもら
う。目標は○○回」といった具合に、マネー
ジャーは部下それぞれの担当業務と指標数値
の目標を設定していきます。

目標KPIツリーを使ったマネジメント例

ツリーを利用して、組織の戦略進捗状況を可視化&管理

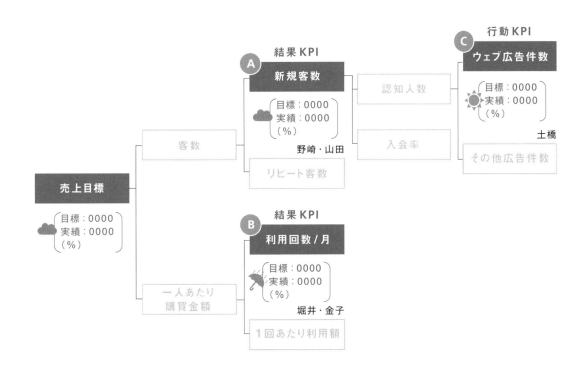

STEP ZERO

STEP 1

STEP 2-1

STEP 2-2

STEP 2-3

STEP 3

ロジックツリーの進捗管理

このようにして、ロジックツリーを用いて期初に目標設定をしたら、期中においては、その進捗管理をしなければなりません。

例えば、月に1回チーム全員参加のミーティングがあるなら、その場で、チーム全体のKPI達成度と個人のKPI達成度を共有しながら確認します。このとき、部下は期待されている役割を再確認し、それに対してどの程度の成果が上げられているのかを明確化します。

マネージャーからの進捗管理は、ばくぜんとした「もっとがんばってください」といったものではなく、「KPIの達成には○件足りないから、○件増やすにはどうすればいいか、一緒に考えましょう」のように、具体的な数値と対策を示すものでなくてはなりません。

また、成果が上げられていない部下を吊し上げる場にしないのは当然ですが、評価者と被評価者のコミュニケーションの質を高めるような進捗管理にするのが理想的です。

なお、進捗管理では、達成度合いを「天気マーク」で表すのがおすすめです。予定どおり（予定以上）に進捗してれば晴れ、やや不足していれば曇り、大幅に未達なら雨、という具合です。このようにビジュアル化しておけば、ツリーを見た全員が、今後どの部分を強化しなければならないかが一目でわかります。

部下一人ひとりの数字をオープンにしても把握しきれませんし、数字によっては嫌な思いをする部下が出てしまいます。一見すると幼稚なように思えますが、ビジュアルによる単純化は、マネジメントをスムーズにする効果があるのです。

KPIの見直し

ロジックツリーを用いることで、月に1回でも全体の達成状況をモニタリングしておけば、どの部分の進捗が悪くて弱い、逆にどの部分は予想よりも達成度が高いといったことを、マネージャーはほぼリアルタイムで把握できます。

そのため、例えば経営戦略会議などに提出する資料などを作成する際に、部門の業務の分析はほとんど終わっている状態になります。

また、経営陣にもロジックツリーによるプロジェクト管理の理解が浸透していれば、「新プロジェクトの進捗について明日報告をしてくれ」といった急な要請があっても、ロジックツリーをそのまま渡せばいいということになります。

さらに、部門の業務内容が毎年ガラリと変わることは普通ありませんので、一度作成したロジックツリーはアレンジを加えることで流用が可能になります。毎年ゼロベースで新規作成するのではなく、一度作成したものを「ひな形」として、翌期以降も使用することができるでしょう。

ただし、そっくりそのまま流用することはもちろんできないので、KPIの見直しは必須です。例えば、見直しのポイントは、そのKPIの項目は適切かという点や、そのKPIの数字は適切かという点などです。項目の適切性は、「1月あたり利用回数」ではなくて「利用金額」をKPIにしたほうがいいのではないかといった見直しです。数値の適切性は、前回は300件だったものを400件に修正するべきではないかといった見直しです。

KPIで見直しが出た点は、そのまま前期の

人事は、目標KPIツリーの意義を評価者に伝えましょう

反省点ということになりますので、このような振り返りにもロジックツリーは活用ができます。

ロジックツリーと KPIによる意思決定を

　実績を上げてきたマネージャーには、経験と勘による成功の積み重ねがあります。中には、「今期の売上を達成するためには、新規顧客に集中する。新規を○件取らなければだめだ、これで行こう！」といったやり方で目標設定をするマネージャーもいることでしょう。

　しかし、そのような経験と勘に頼った打ち手の出し方は、部下の評価のバランスを欠くだけではなく、部門全体として、もっとも効果的な最善手がとられたのかどうか、検証ができないという問題を残します。

　部門の業務要素をMECEに分解してロジックツリーを作成した場合、目標達成へのルートは、何本も想定できます。新規顧客開拓を重視するのか、既存顧客のリピート回数向上を重視するのか、などのルートを見ながら、どちらがより効率的に目標達成できるのかを判断します。

　MECEに要素を分解してロジックツリーを作成していれば、選択可能な目標達成のルートがすべて示されているはずですから、あとは、どのKPIを重視して達成ルートを選ぶかという意思決定の問題になるので、「もっといい方法があったのに、見逃していた」という失敗がなくなるわけです。つまり、ロジックツリーをつくることで、いままで気づいていなかった戦略ルートが見えてくるといえるのです。

マネージャーは 目標KPIツリー作成が必須

　経験と勘による目標設定が、ロジックツリーに書き出してみたら、じつは理にかなっていなかったということはしばしばあることです。このような見落としや論理エラーは、部門の戦略を策定するマネージャーなら回避しなければなりません。戦略的な要素を考慮しなければならない上位職になればなるほど、正しいロジックツリー作成とKPI設定能力、そしてそれに基づいたロジカルな意思決定が

STEP ZERO

STEP 1

STEP 2-1

STEP 2-2

STEP 2-3

STEP 3

最適ルートを最初に描く

目的地に"効率的"にたどりつくには、最適ルートを最初に描くことが重要

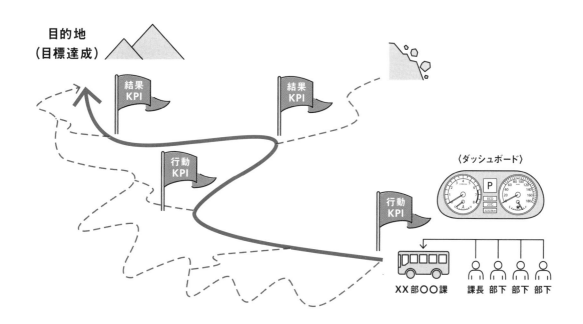

重要になります。

　一方で、ロジックツリーをつくりたがらない優秀なマネージャーの中には、自分の頭の中で、半ば無意識にロジックツリーを組み立てていて、最善手を選んでいるというタイプもいます。

　しかしそれでは、どうしてそのルートが選択されているのか、本人は納得していても、部下にはわかりません。期ごとに実績を上げることはできるかもしれませんが、部下の不納得を生む要因になってしまうでしょう。

　目標KPIツリーは、だれでも理解できるように可視化されることが利点であり、戦略選択の漏れを防ぐと同時に、目標達成の最善ルートが選択可能になります。目標KPIツリーの作成に難色を示す評価者が多い場合には、このような利点を伝えましょう。

▌人事担当者がロジックツリーを理解する理由

　ロジックツリー作成とKPI設定によって、実施すべき計画が立てられ、優先順位が明確になっていきます。さらに、進捗を定期的に共有することで、目的達成へのルートがうまくいっているのかうまくいっていないのか、また、やるべきことができているのかできていないのかがタイムリーに確認できることもチームに有利に働きます。また、PDCAのCheckとActionが明確になるので、マネージャーは部下の指導がやりやすくなり、部下には「なぜこの指導がされるのか」が理解できるので、双方のコミュニケーションが活発になります。

　これだけの利点があるのであれば、部門のマネージャーは、これを採用しない理由はありません。

　では、現場マネージャーに対して、人事担当者がやるべきことは何でしょうか？

　先述したように、人事担当者は、自らが現場部門の目標策定に関与するわけではありません。そこで、マネージャーが適切にロジックツリーを作成して目標設定をできるように、サポートすることが役割となります。それには、まず人事担当者自身が、ロジックツリーを用いた目標設定法について理解したうえで、その重要性や活用法を、研修等を通じてマネージャーに理解・実践してもらうことになります。

STEP ZERO

STEP 1

STEP 2-1

STEP 2-2

STEP 2-3

STEP 3

目標 KPI ツリーのメリット

目標設定でマネジメントがしやすくなる

1 やるべきことが計画化される

2 優先順位が明確になる

3 「うまくいっている / いない」がタイムリーにわかる

4 「やるべきことができている / いない」がタイムリーにわかる

5 PDCA の CA がやりやすくなる（指導しやすくなる）

6 上司と部下のコミュニケーションが活発化する

　期初には、各部門、各チームから、従業員ごとに設定された目標が上げられてきます。会社の規模にもよりますが、人事担当者が、従業員すべての目標設定を入念に検討することは、現実的には不可能でしょう。しかし、部門の目標KPIツリーだけであれば、MECEなロジックツリーが作成されているかを人事部門がチェックすることは可能です。その上で、不十分な部分があれば、人事からマネージャーに指摘することができます。

　そのためにも、人事担当者もロジックツリーやKPI設定について、正しい考え方を理解しておかなければならないのです。

まずは人事部の
目標KPIツリーを
作ってみましょう

3 目標記述のポイントは "SMART"

最終目標（KGI）やKPIの設定の際に、記述（表現）するコツとしてよく使われるのが「SMART」という方法です。

SMARTとは、「Specific」（具体的な）、「Measurable」（計測可能な）、「Achievable」（達成可能な）、「Reasonable」（合理的な）、「Time‐bound」（時間制約的な）の頭文字をとったものです。

「Specific（具体的な）」

Specificとは、5W1Hで具体的に記述することを意味しています。

誰が、何を、いつ、どこで、なぜ、どのようにおこなうのかを明確に記述します。具体的な担当者や手法、タイミングなどがわかるので、誰が読んでも成果や行動がイメージできるようになります。

「Measurable（計測可能な）」

売上や費用、時間など、もともと定量的なものは、数値化して表記します。

行動目標などの中には、例えば「他部門との連絡を密にする」「顧客満足度を高める」といった定性的な目標があります。このような記述は、「毎週に1回以上、他部門との面談をする」「顧客アンケート調査により満足度を80％以上にする」といった具合に、できるだけ測定可能となるよう指標化して表現します。

「Achievable（達成可能な）」

部下自身の努力で結果を変えられるかどうか、また、現実的に達成可能な目標かどうかに着目して記述をします。

個人の売上を1年で100倍にするといった、現実可能性のない目標は除外されることになります。達成するために、一発逆転を狙うというのは現実的ではないので、継続可能であるかどうかも、記述のポイントとなります。

「Reasonable（合理的な）」

設定した目標が、上位（会社、組織）の目標と接続しているか、確認をして記述します。

経営戦略、事業戦略から部門戦略が導出され、そこから部門目標が設定され、さらにそれが個人目標に割り振られているはずなので、逆算すれば、個人目標は部門戦略や全社戦略の達成に結びつくものでなければなりません。また、行動目標（行動KPI）であれば、それが結果目標（結果KPI）に結びつくものであ

るかどうかもしっかりと確認します。

「Time - bound（時間制約的な）」

いつまでに目標やKPIを達成するのか、スケジュールを明確に示します。

また、中長期にわたる目標であれば場合、今期において、どの時期にどのような状態になっているべきかというマイルストーンを明確に示します。

SMARTな記述ではない「NG表現」

ビジネス文書を作成するときは、すべての言葉の定義を厳密に突き詰めて、正しいかどうかを検証しながら書くわけではありません。伝えたいことが伝わるようにできていればそれでよく、慣用的に用いられている表現も多いので、なんとなく「ビジネスとしてふさわしい形」にまとめることが普通です。ビジネスパーソンが書くのはあくまでも業務目的の実用的な文章であり、論理学や数学の論文ではないのですから、厳密な文書をつくろうと時間をかけすぎては本末転倒でしょう。

しかし、「SMARTな記述」を強く意識し

なければならない目標設定においては、使わないほうがいい、少なくとも多用は避けるべき表現があります。

「〜を目指す」「〜を心がける」「〜努力する」「〜を推進する」「〜を徹底する」「〜に携わる」「〜を整える」「〜を強化する」「〜を確立させる」「〜を検討する」「〜を企画する」「〜を追求する」「〜を円滑に行う」「〜を効率化する」

これらは、ビジネスシーンで日常的に使われている表現です。しかし、SMARTの観点から見た場合には、いずれも目標設定では使用するのはふさわしくないものだといえるでしょう。ちなみに、私たちの経験でいうと、恐らく8〜9割の方のMBOでは上記のような抽象的な表現が使われています。そういう意味では、SMARTを徹底することの効果は非常に高いと思われます。人事担当者は、ぜひ一度、自社もしくは自身の目標内容を確認してみてください。

同様に、名詞においても、「営業力」「企画力」といった表現は、ビジネス文書でよく用

目標記載時のポイント

目標はSMARTの観点で記載する

S pecific	「誰に」「何を」「どのように」があるか	・「誰に」「何を」「どのように」おこなうかが書かれているか ・誰が読んでも成果や行動をイメージしやすいか
M easurable	測定できるか	・定量的な目標は、可能な限り指標が数値化されているか ・定性的な目標は達成度の目安や実行の頻度などの測定指標を示しているか
A chievable	達成可能か	・単発ではなく継続的な施策（行動）になっているか ・メンバー自身の努力で結果を変えられる内容になっているか
R easonable	上位目標と接続しているか	・会社方針や一つ上の組織目標に紐づいているか ・行動目標は結果目標に紐づいているか
T ime - bound	納期・スケジュールがあるか	・目標に納期やスケジュールが示されているか ・目標が中長距離にわたる場合、今期末の状態（マイルストーン）は明確になっているか

特に多用
されているので
要注意！

参考：イメージが沸きにくいので、できれば目標や課題の解決策で使わないほうが良い言葉

〜を目指す	〜を心がける	〜努力する	〜を推進する	〜を徹底する	〜に携わる
〜を整える	〜を強化する	〜を確立させる	〜を企画する	〜を検討する	〜を追求する
〜を円滑に行う	〜を効率化をする				

いられるものですが、抽象的な言葉のため、
SMARTな記述にはなりません。

　具体的な例として、「誤りのある目標」と、
なぜそれがSMARTになっていないのかを
示した「訂正箇所」を右の図に示しました
ので、「Specific（具体的な）」「Measurable
（計測可能な）」「Achievable（達成可能な）」、
「Reasonable（合理的な）」「Time‐bound
（時間制約的な）」のそれぞれについて確認を
しておきましょう。

期末評価調整を
楽にするためにも
徹底しましょう！

記載の具体例

誤りのある目標		訂正箇所
1	上司とのコミュニケーション機会を増やし、経営課題や顧客ニーズを把握するよう努める。	>	SMARTのS（Specific）が足りない。「〜に努める」といった曖昧な言葉はできるだけ使わない。
2	今期の売上目標を達成するために担当顧客との関係性を構築するだけではなく、顧客課題の分析・提言までを盛り込んだ提案を実施する。	>	SMARTのM（Measurable）が足りない。目標としては提案の回数や受注率（受注件数）、受注単価まで言及したほうが良い。
3	生産性を高めるワークショップを9月末にグループ内で行い残業時間を月30時間減らす。	>	SMARTのA（Achievable）が足りない。ワークショップを行うことと、残業時間が減ることにつながりが弱い。継続的な施策や具体的な成果が必要。
4	企画書のミス（誤字脱字等）をなくし、お客様にとって見やすい資料を作成し、受注率アップにつなげる。	>	SMARTのR（Reasonable）が足りない。誤字脱字を無くすことで受注率は多少なりともアップするかもしれないが、つながりが弱い。
5	顧客により高い価値を発揮した提案ができるようにビジネス書を5冊読む。	>	SMARTのT（Time - bound）が足りない。ビジネス書を5冊読むことが提案につながるかも疑問だが、加えていつまでに何冊読むなどマイルストーンがあったほうが良い。

4　バックオフィス部門の目標設定

　営業部門なら売上高や受注率、製造部門なら原価率や歩留まり率など、最初から定量的に示されている業務指標があります。そのため、ロジックツリーでKPIを設定したり、目標をSMARTに記述したりすることも、比較的やりやすいのではないかと思います。

　しかし、経理部門や総務・人事などのいわゆるバックオフィス（管理部門）においては、業務で定量的な指標が用いられることが少ないため、KPIの設定や目標設定が難しいといえるでしょう。

　しかし、バックオフィス部門であっても営業部門や製造部門と同じように、例えば、「QCD」すなわち、「Quality」（品質）、「Cost」（コスト）、「Delivery」（納期）の観点から業務を分解して、業務の生産性を測ることが可能です。

　例えば、Quality（品質）については、報告回数やチェック回数などが行動KPIとして設定が可能ですし、そこから得られる結果KPIには、クレームやトラブルの件数を設定できます。同様にCost（コスト）であれば工数管理や計画立案精度、Delivery（納期）であれば資料作成納期など、対応日数などの観点から計測可能な指標を設定できます。

▎Measurableが難しいなら Specificに

　もちろん、バックオフィス各部門の業務の特性を見れば、MECEに分解したとき、そのすべてにおいて、これらの定量化指標の設定ができるとは限りません。多少は強引な変換が必要な場合もあるため、定量化された指標自体がさほど厳密ではなく、目安程度になることもあるでしょう。それでも、定量化されているのといないのとでは大違いであるため、まずは定量化することを試みてみましょう。

　もし、どうしても定量化ができない目標要素があったとしても、少なくとも、誰が、何を、どのようにおこなうのかという点は具体的に記述することができるはずです。つまり、SMARTでいうならば、「定量化して可能な限りMeasurable（計測可能）にすべき」であるが、それができない場合であっても、「少なくともSpecific（具体的に）すべき」だといえるでしょう。

管理部門のKPIと水準例

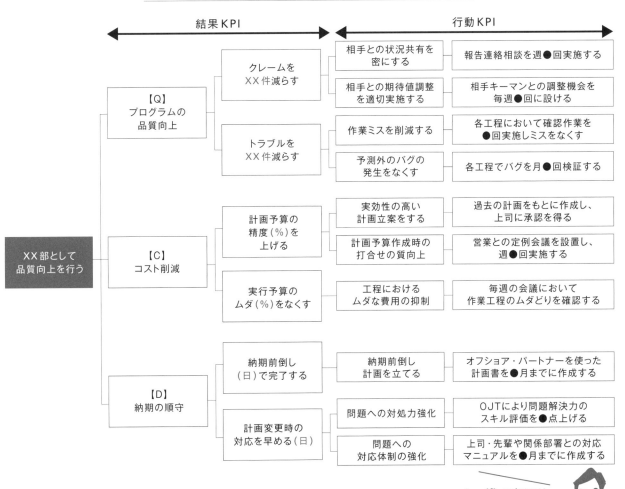

Specificにするには
5W1Hで具体化
するとよいです

STEP ZERO
STEP 1
STEP 2-1
STEP 2-2
STEP 2-3
STEP 3

5 　定性評価の目標設定

　先に少し触れましたが、人事評価を大きく分けると、業績評価に代表される定量評価と、態度・行動評価などの定性評価とに分類できます。

　一般的には、目標設定がおこなわれるのは、前者の目標管理（MBO）、業績評価などの項目であって、態度・行動評価などの定性評価は目標設定自体がなされないことが普通です。

　しかし、どちらの評価に被評価者の不納得が多いのかといえば、定性評価のほうなのです。

　定量評価は、数字の達成度がどれだけだったから、これだけの評価になりました、ということが言えるので、被評価者が納得できる根拠を示すことができます。メリハリのつかない中央化傾向などがあったとしても、とりあえず客観性は保たれているといえるでしょう。

　しかし、定性評価は、上司が評価する場合に「積極性がありましたね」とか「主体的に業務に取り組んでいませんでしたね」などと言っても、被評価者としては、「何を根拠に言っているのだ？」「主観的に見ているだけだろう」という受け取り方になってしまうこ

とが多いのです。

　定性評価に納得をしてもらうのは、非常に難しいといえるのです。

■ 定性評価を有効に機能させる

　そのため、ほとんどの会社 ──私たちの経験でいうと、恐らく9割以上の会社── では、定性評価は形骸化しています。極端にいえば、「○○さんは、年齢的にそろそろ昇格させてあげたいけど、そのためには、定性評価が5点ないと足りないから、5点にしておこう」といった具合に、単なる評価の調整弁として使われていることも、珍しくありません。これでは評価要素としてまったく機能しておらず、いっそのこと定性評価をなくてもいいくらいです。

　このような状況を改善し、定性評価を有効に機能させるためには、やはり期初の目標設定をしっかり握っておくことがポイントとなります。

評価の難易度

一般的な評価の対象	内容の具体例	目標設定&評価の難易度

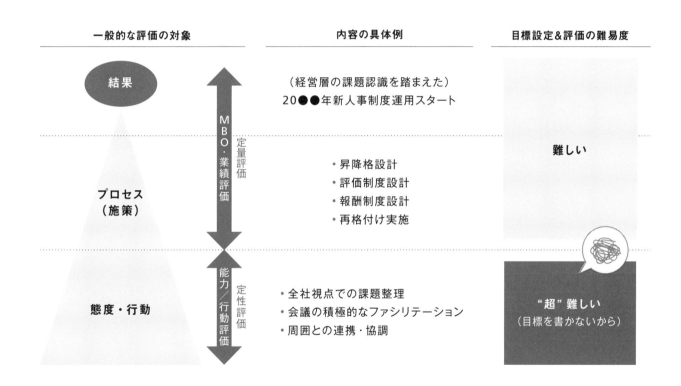

結果

（経営層の課題認識を踏まえた）
20●●年新人事制度運用スタート

難しい

MBO・業績評価
定量評価

プロセス
（施策）

・昇降格設計
・評価制度設計
・報酬制度設計
・再格付け実施

能力／行動評価
定性評価

態度・行動

・全社視点での課題整理
・会議の積極的なファシリテーション
・周囲との連携・協調

"超"難しい
（目標を書かないから）

STEP ZERO
STEP 1
STEP 2-1
STEP 2-2
STEP 2-3
STEP 3

定性評価は抽象度が高くなる

　行動評価などの定性評価に際しては、右の図のような「評価定義表」を作成して、期初に「具体的な項目と定義に基づいて行動評価をおこないます」と説明をしておくことが必要となります。

　ところが、定性評価の項目設定はしているものの、残念ながら、評価定義（着眼点）までは設定していない会社が多いのが現実です。しかし、こういった定義がなければ、同一基準による評価はできません。

　また、評価定義表を作成していても、定性評価の定義はどうしても一般的・汎用的なものになってしまうので、抽象度が高くなってしまいます。

　例えば、チームワークの項目について、「周囲のメンバーと円滑な人間関係を構築していたかどうか」を評価することになるのですが、これを客観的に評価して、A、B、Cをつけるのは難しい場合もあるでしょう。被評価者はうまく人間関係ができていたと思っていても、評価者はそう思っていなかった、という

ことはよくあります。ここのギャップが大きいほど、不納得への影響も大きくなっていきます。

今期の注力ポイントを記載する

　定性評価の定義を客観的なものに近づけるためには、個人レベルに落とし込んだ、部下オリジナルの着眼点を設定するとよいでしょう。この時、評価者が一方的に設定をするのではなく、被評価者と話し合いを持ち、双方で了解をしておくことが大切です。

　具体的には、105ページのような「シート」を用います。

　評価定義表は部下全員に共通するシートですが、この評価シートは、個人ごとに記載するフレームです。

　左側に位置する「評価項目」は、評価定義表に記載のある評価項目、定義（着眼点）と同じものです。その右側には、評価項目ごとに、「今期の注力ポイント」記入欄が置かれて、「定義に基づいて、今期は何をして欲しいのか（するべきなのか）」という具体的な内容を記述していきます。これが、評価者に

評価定義表：定性評価の項目と基準イメージ

（Sample）

ここが重要

等級	職階定義	プロセス行動評価項目	
		項目	定義（着眼点）
M2	所属部門の戦略策定に参画し、戦略実行することで組織の成果を最大化する	方針・計画策定・浸透	中期的視野をもって、担当組織の方針・目標・計画を立案し、複数の部下・メンバーに連鎖・浸透させている
		計画推進	担当組織の方針・目標・計画の実現に向けて、複数の部下・メンバーを適宜適切に支援し、臨機応変且つ粘り強く推進している
		意思決定（判断）	全体最適の観点をもち、適宜適切な情報収集の下、迅速・的確に判断している
		組織連携	担当組織の関係者と円滑な関係を構築し、最適なコミュニケーションを通じて、動かしている
		課題解決	様々な問題に対して、現状を的確に分析し、あるべき姿を描き、その課題を把握したうえで、適切な改善策を立案・実行している
		人材育成/知識・スキル伝承	部下・メンバーの特性・能力を把握し能力開発を促す共に、自らの後人を育成している
M1	所属組織の戦略実行することで、組織の成果を最大化する	計画立案	所属組織の方針・計画を理解し、その実現にむけた目標・実行計画を立案している（計画的に物事に取り組んでいる）
		計画推進	目標・計画の実現にむけて、適宜適切に進捗管理し、粘り強く取り組んでいる
		変化・イレギュラー対応	自らを取り巻く環境の変化やイレギュラーな状況において臨機応変に対応し、迅速・的確に処置している
		組織調整	上位者や所属組織を取り巻く関係者と円滑な関係を構築し、最適なコミュニケーションを通じて、動かしている
		問題解決	様々な問題に対して、現状を的確に分析し、その原因を把握したうえで、適切な解決策を立案・実行している
		人材指導/知識・スキル伝承	メンバーの特性・能力を把握し、業務遂行の支援、能力開発の指導を行っている
S2	上位者の監督のもと、周囲のメンバーを牽引して、担当業務の成果を最大化する	計画立案	上位者の監督の下、その実現に向けた目標・実行計画を立案している（段取りよく物事に取り組んでいる）
		業務遂行	目標・計画の実現にむけて、適宜適切に進捗管理し、粘り強く取り組んでいる
		変化対応	自らを取り巻く環境変化に対し臨機応変に対応し、迅速・的確に処置している
		コミュニケーション（意思疎通）	相手の意見・意図を的確に把握し、最良な手段・手法によって、自身の考えを分かりやすく伝えている
		業務改善	業務遂行における問題を分析し、その原因を把握したうえで、解決策を検討し実行している
		後輩指導	メンバーの状況を把握し、その業務遂行における指導・支援をしている
S1	上位者の監督・指導のもと、担当業務の成果を最大化する	計画立案（段取り）	上位者の指示・指導の下、担当業務の行動計画を立案している（段取りよく物事に取り組んでいる）
		業務遂行	行動計画に沿って、適宜適切に進捗管理し、着実に遂行している
		チームワーク	周囲のメンバーと円滑な人間関係を構築している
		コミュニケーション（報告・連絡・相談）	相手の意見・意図を把握し、最良な手段・手法によって、適宜適切な報告・連絡・相談を行っている
		創意工夫	業務遂行において、より効率的・効果的なやり方はないか創意工夫しながら取り組んでいる
		自己研鑽	自らの成長課題を把握し、能力向上にむけた自己研鑽をしている

とっての、定性評価における評価基準の目安になります。

　例えば、項目が「チームワーク」ならば、定義としては、「周囲のメンバーと円滑な人間関係を構築しているかどうか」です。この定義は必要ですが、これだけでは、具体的な評価に結びつけることが困難なのは先述した通りです。

　ここに、注力ポイントが加わると、例えば「今期新入社員が1名加わる予定なので、○○を対象とした営業業務ができるように指導をする」といった内容を記載することになります。

　このように、定性評価であっても、具体的な注力ポイントを設定しておけば、中間評価・期末評価の客観性が高まるので、評価者は評価がやりやすくなり、被評価者も納得しやすくなります。評価シートを変える必要性はありますが、おすすめの運用法です。

STEP ZERO

STEP 1

STEP 2-1

STEP 2-2

STEP 2-3

STEP 3

定性評価のシートイメージ

（Sample）

ココが重要

定性評価シート

評価項目	定義（着眼点）	自身の注力ポイント	半期レビュー ※本人記入		結果 ※本人記入（出来たこと、今後の課題）	本人評価	一次評価	二次評価
			評価	評価根拠				
課題形成・計画立案	所属組織の方針・計画の下、業務や能力開発の課題を把握し、これに基づく適切な目標、具体的・効果的な計画を立案している			▶	▶	5	5	5
業務遂行	目標・計画に基づき、適宜・適切にその進捗状況を管理し、その推進にむけて臨機応変に対応しながら、粘り強く取り組んでいる			▶	▶	5	5	5
問題解決	常に問題意識をもち、問題が生じた際にはその原因を論理的に分析し、その改善に向けた具体策を立案・推進している			▶	▶	5	5	5
交渉・連携	相手の意図や特徴を正しく理解し、自らの主張を適切な方法・表現を用いて伝達し、相手を動かしている			▶	▶	5	5	5
育成・助言	下位者の特性や業務状況を的確に捉え、これに合わせた実務遂行やビジネスパーソンとしての成長を促進する助言・指導を行っている			▶	▶	5	5	5
挑戦心	担当業務や立場に留まらず、様々な取り組みや提言を積極的に行い、常に前向きに物事に取り組んでいる			▶	▶	5	5	5
チームワーク	業務の関係者と良好な関係を構築し、自ら周りのメンバーに働きかけ必要に応じて支援している			▶	▶	5	5	5
知識・専門性	業務推進における応用的な知識・スキルを積極的に学び、自身の業務・成長に活かしている			▶	▶	5	5	5

一次評価コメント	
二次評価コメント（任意）	

評価点数	100	100

中間評価の記録を記載できるようにしておいても良い

6 目標設定会議のすすめ

ここでは、本書を通して一番のおすすめ施策といえる目標設定会議についてご紹介します。

前提として、評価調整会議が機能していない

部門間での評価水準を平準化させ、評価を公平にするのが評価調整会議の目的ですが、これがきちんと機能している会社は、残念ながら多くはないようです。実際には、評価調整会議を実施はしているものの、形骸化していて、よほど極端な差がついているもの以外は2次評価のまま、とされてしまうというケースがほとんどでしょう。

その理由は、やはりたいへんだからです。ただでさえ忙しい部課長が、「他部門の人間の評価について、等級ごとに適正かどうかをチェックして水準を合わせる」といった作業にあたるには、相当の手間と時間を要してしまいます。

また、どうして同じ等級でこんなに差が出ているのかという理由を追究したときに、「そもそも目標設定のときに差があったためだ」となってしまうと、時間を遡って評価をそろ

えるのはかなり困難な問題だといえます。

目標設定会議のすすめ

そこで、私たちが推奨しているのが、期初の目標設定会議の開催です。

目標設定会議を開催して、あらかじめ部門間で目標の水準を合わせておけば、少なくとも、そもそも目標設定時に水準の違いがあったという問題は回避できます。

期末評価は、期初の目標設定を基準としておこなわれるものであり、評価者と被評価者との間で目標設定に共通理解のあることが、公正で納得感の高い評価につながるのは先述した通りです。

同様に、期初に、評価の基準となる目標設定の目線をそろえておけば、自然と、評価水準の目線もそろっていくことになるはずです。

忙しい部課長がわざわざ集まって、評価調整会議を長時間おこなうのは効率的ではありませんし、「いまさら目標設定を蒸し返す」というのも、できれば避けたい事態です。なるべく効率的に、かつ、しっかりと評価調整

会議の効果を上げるためには、期初の目標設定会議の実施はとても有益なのです。

目標設定会議の実施方法

目標設定会議では、期初の目標設定期間に、等級ごとに目標レベルの難易度調整をおこないます。形式はさまざまですが、各課の目標設定が終了したタイミングで、部門の課長クラス以上の管理職が全員参加する、といった形で開催されます。

具体的には、等級ごとに、すべての課の、すべてのメンバーの目標を、Excelなどで一覧化したシートを作成・共有し、目標水準に問題がないかを参加者全員でチェックします。

例えば、「A課の鈴木さんは、目標額が小さすぎるのでは?」という疑問が出されたとします。A課の課長が、たしかに過小だと考えなおせば「〇〇（具体数値）まで上げるように調整します」となるでしょう。また、「B課の鈴木さんは、目標額が大きすぎるのでは?」という疑問が出された時に、B課の課長から「前期にほぼまとまりかけた商談があり、その売上額がほぼ確定しているので、この金額になっています」と説明があって、参加者が了解すれば、そのままでよいということになるでしょう。

目標設定会議で起こりやすい勘違いは、「"彼"は能力があるので、このくらいの目標が妥当です」といったように、被評価者に対しての妥当性を論じてしまうことです。しかし、目標設定会議で論じるのは、あくまでも、M1等級、M2等級……など、その人が与えられている等級と等級定義に対して、目標が妥当かどうかという点です。個人に焦点を当てるのではなく、等級の定義という視点から、水準をそろえていくのがポイントになります。

目標設定会議のチェック機能

会社の規模にもよりますが、目標設定会議は、部門ごとに、期初の目標設定時期に1〜2時間程度の時間を取ればいいのでさほどの負担になりません。しかし、効果は非常に大きなものがあります。

STEP ZERO
STEP 1
STEP 2-1
STEP 2-2
STEP 2-3
STEP 3

　まず、目標設定会議を実施しておくことで、期末の評価調整会議で「どうしてこの等級の人にこんなに大きい（小さい）目標が設定されているのか？」といった事態が防げるようになります。その結果、評価調整会議の進行がスムーズになります。

　また、その課で設定されている目標内容が妥当なのかを、課外の視線からチェックできるという効能もあります。営業部門のように、数字で目標設定ができる部門は目標の妥当性もチェックしやすいですが、そうではない部門の場合は、ここが曖昧になってしまいがちです。目標といいながらも、「業務内容を単に言い換えて書いただけ」といったものや、まったくSMARTな記述になっていない目標なども見受けられます。

　そのような曖昧な目標は、課内チェックだけでは見過ごされてしまうことがあるのですが、目標設定会議で、課外視点のチェックが入ることで見落とされなくなるのです。

等級レベルにあった目標水準にする

　さらに、目標設定会議は、評価者・被評価者に妥当な目標水準を持ってもらううえでも、有効に機能します。

　例えば、ある課に、マネージャーよりも年長の部下がいて、等級はそれなりに高いのにそれに見合う仕事ができない人がいる場合があります。このとき、課長は遠慮をしてしまい、あえて低い目標を持たせたりすることがあるのですが、そうすると、他の部下からは不満が出ることになります。このようなケースでも、目標設定会議で他の課と水準合わせをすることによって、「あなたはこの等級なので、これだけの目標は持ってもらいます」というように、説得材料ができるのです。

　なお、目標設定会議で、等級に対して低すぎる目標が与えられているのではないかと指摘されると、「この人にこれ以上の目標を設定しても、できないことはわかっているので無駄です」といった反応をするマネージャーがいますが、そのような場合は、その人がその等級にいること自体がおかしいのです。それならば、降格を検討すべきだ、というきっかけを与えてくれるのも、目標設定会議の利点のひとつです。

目標設定会議の概要

期初の目標設定期間に、等級ごとに目標レベルの難易度調整を行う

会議範囲	基本は、各（本）部ごと ※人数が多い場合は、括りを変更
目的	1. 等級別の各人の目標レベル・書きぶりの確認 2. 目標レベル・書きぶりの調整
時期・時間	各人の目標設定が完了次第すぐ 1 〜 2h程度
進め方	①等級ごとに目標内容を可視化 ②等級の役割に対して、特に難易度が難しい、易しい内容を確認 　（その人にとっての難易度という見方ではないので要注意） ③目標の書きぶりがSMARTになっているかを確認 ④目標の修正（必要な場合のみ）

STEP ZERO
STEP 1
STEP 2-1
STEP 2-2
STEP 2-3
STEP 3

目標設定会議への人事担当者のかかわり方

　目標設定会議も、評価調整会議も、実施の主体となるのはやはり部課長です。では、人事担当者としては、どのようにかかわっていけば良いのでしょうか。

　前提として、多くの会社では、評価調整会議は実施されていても、目標設定会議はおこなわれていません。そのため、目標設定会議の存在自体を知らないことも多く、高い効果を上げることも当然知り得ません。

　そこで、まずは目標設定会議の趣旨、実践法、効果などについて説明をし、導入が決まれば適切にサポートをする必要があるでしょう。

　また、目標設定会議が実施される際には、その場に人事担当者が立ち会うのが理想的です。目標設定の目線合わせとして、どんなことが話し合われて、どんな水準が設定されているのかについて確認をし、議事録をとって整理しておくと良いでしょう。

　目標設定会議への参加体験と議事録は、重要な人事情報となり得ます。この情報は、期末に開催される評価調整会議でも役立つことになるので、評価調整会議への立ち合いもセットでおこなうとより効果的でしょう。

会議で生の声を集める

　目標設定会議や評価調整会議に人事担当者が立ち会うことで、現場の人員の充足度、不足状況、マネージャーのマネジメント能力などが、はっきりと把握できるようになってきます。それは、勤怠時刻管理、ロジックツリーなどからでもある程度推測はできますが、目標設定会議、評価調整会議では生の声を聞くことができるので、より明確に把握が可能になります。

　この部門ではかなり人材が足りていない、こちらは余裕がありそうだ、あのマネージャーはマネジメント能力に問題がありそうだ、といった多くの情報は貴重な人事情報です。この情報をもとに、いますぐ人事部門が直接行動を起こすことはありませんが、人事にかかわる問題が発生したときに、適切な判断を下すための材料となってくれることは間違いが

目標設定会議のすすめ

STEP ZERO

STEP 1

STEP 2-1

STEP 2-2

STEP 2-3

STEP 3

（投影画面）

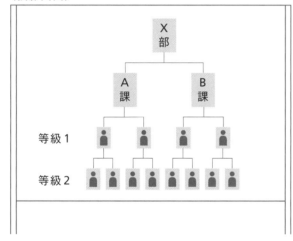

A課とB課では、同じ等級でも目標難易度が違うのでは？

部長

部門別　目標設定会議

ありません。従って、現場の生の情報を可能
な限り把握しておくことは、人事担当者の重
要な任務だといえるでしょう。

目標設定会議は
我々のお客様に
好評な施策です

7 期中に目標が変わるケース

　近年、多くの業種で事業の環境変化が加速しており、1期（1年）の間に、急激な変化が生じることもめずらしくありません。そうなると、やむを得ず目標やその達成までの計画に変更が迫られることも起こり得ます。また、外部環境の変化だけではなく、なんらかの社内事情により、目標を変えなければならないことも時にはあるでしょう。

　そうなると、先述のとおり、人事部門が目標設定の大切さをいくら説明しても、「ロジックツリーを作り込んでも、目標を設定しても、どうせ途中で変わる可能性があるしな……」と、消極的になるマネージャーも少なくありません。

　人事担当者としては、ロジックツリーの作成を諦めたり、評価期間内に目標設定を頻繁にコロコロ変えられたりするのは困った事態ですが、対応のしようがないわけではありません。

▌評価サイクルの短期化

　事業環境の変化サイクルの短期化に対応するには、人事考課のサイクルも短期化させることがもっとも効果的です。具体的には、目標設定から評価＆フィードバックまでのサイクルを6か月ごと、あるいは3か月ごとに短期化していきます。

　しかし、実際には、すぐに制度を移行することは難しいため、その場合はあらかじめ「期中に目標や達成計画の変更がありうる」ことを、制度的に担保しておきます。

　「所属組織の目標が変更」された場合、目標は変わらないものの「実行計画が変更」された場合、あるいは、「部下の構成や役割が変わる」場合など、起こり得る事態はさまざまです。

　不測の事態によって、このようなことが起こった時は、個人に割り当てる目標も変更するということを、あらかじめマネージャーには認識しておいてもらうことが大切です。

　また、実際にこのような事態が生じてしまった場合は、きちんと個人目標の再設定がなされているかを確認し、もしされていないなら、再設定するように促すことも人事担当者の重要な役割となります。

■ ツールと知識が人事担当者の　■ 武器になる

　現場の多くのマネージャーは「目標設定は当然できている」「部下とはコミュニケーションがとれている、相互に信頼しあえている」と思っています。ところが、実際にはそうではないからこそ、多くの従業員は評価に対して不納得だというデータが残されています。

　一方で、楽観的なマネージャーとは対照的に、「目標設定がうまくできない」「部下とのコミュニケーションに問題がある」と感じているのに、何をどうすればいいのかわからないというマネージャーもいることでしょう。この場合も、従業員は不納得な状態となります。

　マネージャーの楽観的・悲観的な見方と、被評価者の不納得の溝をできる限り埋めていくのが人事の重要な役割です。しかし、この役割を果たそうとして、「きちんと目標設定をしてください」「ロジックツリーを作成してください」と依頼するだけでは、効果は期待できません。

　だからこそ、ここで紹介したような、さまざまなツールや知識を、人事担当者はフル活用する必要があるのです。一見すると、人事とは関係のないものも含まれていると思うかもしれませんが、マネージャー層が身に纏っている「人事制度への不理解」という鎧を貫くための武器になるものばかりです。

　人事部門が果たすべき役割をしっかりと把握して、そのために役立つものであれば、貪欲に吸収していく姿勢が大切なのです。

STEP ZERO

STEP 1

STEP 2-1

STEP 2-2

STEP 2-3

STEP 3

まず人事部が
目標設定を一番適切に
運用している組織に
しましょう

サッカーと野球の目標設定

目標設定会議の重要性を紹介する際に、よくある質問が「異なる部門、例えば、営業部と製造部と商品企画部で、どうやって共通の目標水準を設定するのですか」というものです。

結論からいえば、これは無理に合わせる必要はありません。

たとえて言うならば、「サッカーのフォワードと、野球の4番打者、どっちの評価が高いか決められますか?」と話し合うようなもので、同じモノサシでは測れるものではないのです。

サッカーのフォワードの選手にはシュート力が問われますし、野球のスラッガーなら打撃力で評価をされています。サッカーチームの監督は、サッカー選手のことはわかりますが、野球については素人です。同様に、野球の監督は、サッカー選手の能力を正しく見ることはできません。

それと同様に、営業部と製造部と商品企画部で、同じリーダークラスの等級の仕事内容を見ても、どっちが上か下かといった判断はできません。判断のできないことについて話し合いをしても、時間の無駄になってしまうので、目標設定会議では、部門を分けて確認しましょう。

STEP ZERO

STEP 1

STEP 2-1

STEP 2-2

STEP 2-3

STEP 3

改善施策の設計：評価＆フィードバック

社員へ正しいステップで説明をつくす

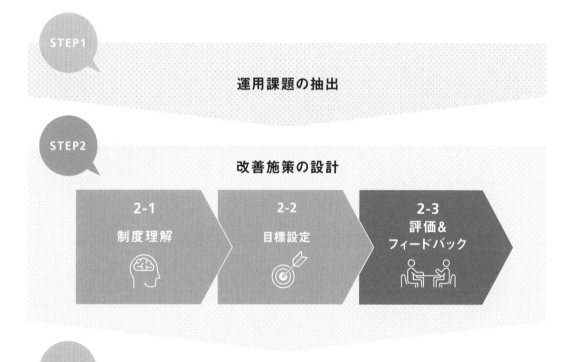

STEP1

運用課題の抽出

STEP2

改善施策の設計

2-1
制度理解

2-2
目標設定

2-3
評価＆
フィードバック

STEP3

定期モニタリング

1　評価フィードバック面談前の準備

先ほどのSTEPでは、目標を正しく設定して、評価者・被評価者の間でSMARTな共通認識をつくっておくことがもっとも重要だと紹介しました。

ただし、これは、「評価やフィードバックはさほど重要ではない」ということを意味しているわけではありません。期中、期末における、評価やフィードバックが正しくおこなわれてこそ、その効果が十分に発揮されます。

評価やフィードバックのやり方が不適切になってしまうと、せっかく苦労して作った目標設定が無駄になってしまう恐れがあります。評価やフィードバックには、しっかりと取り組む必要があり、人事制度の運用にも大きくかかわってくるものだと理解しておきましょう。

正しく評価フィードバック面談をするには、まずは事前の準備が大切です。具体的には、評価者は被評価者についての事実を集める必要があります。

この「事実」というのは、評価項目の評価内容に合致した、客観的な事実であることが条件となります。例えば、被評価者が、提案資料を何通作成したとか、取引先に提案が何件認められたとか、あるいは何かのミスをしたために損害がいくら発生した、といったような、誰が見ても動かない事実を集めておきます。評価項目に合っていないものは、客観的であるかどうかはさておき、収集から外れることになります。

事実は、期末になって急に集めようと思っても集まるものではありませんので、日頃から、部下の行動のメモを、エクセルなどに残しておく必要があります。

しかし、評価者の中でこのようなことが重要だということを認識している人は以外と少ないです。人事担当者は、是非評価者研修などを通じて、このことを伝えるとよいでしょう。

■ 面談シナリオ設計シートの準備

マネージャーが「忙しい」ことを理由にして、評価フィードバック面談をぶっつけ本番、行き当たりばったりで進めることがあります。しかし、このような面談のほとんどは、被評価者にとっては不納得の原因にしかなりませ

面談シナリオ設計シートの記入方法

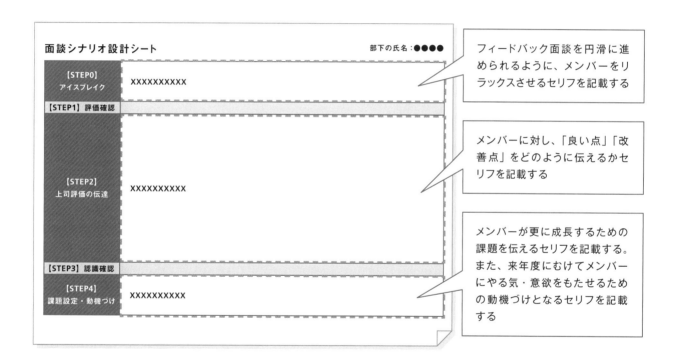

面談シナリオ設計シート　　　　　　　　　　　　部下の氏名：●●●●

【STEP0】アイスブレイク	XXXXXXXXXX
【STEP1】評価確認	
【STEP2】上司評価の伝達	XXXXXXXXXX
【STEP3】認識確認	
【STEP4】課題設定・動機づけ	XXXXXXXXXX

フィードバック面談を円滑に進められるように、メンバーをリラックスさせるセリフを記載する

メンバーに対し、「良い点」「改善点」をどのように伝えるかセリフを記載する

メンバーが更に成長するための課題を伝えるセリフを記載する。また、来年度にむけてメンバーにやる気・意欲をもたせるための動機づけとなるセリフを記載する

STEP ZERO

STEP 1

STEP 2-1

STEP 2-2

STEP 2-3

STEP 3

ん。

　面談前にマネージャーは、どのように面談を進めるのか「シナリオ」を考えておく必要があります。この時、人事担当者はそのサポートをするために、「面談シナリオ設定シート」を用意しておくと良いでしょう。

　「シナリオ」といっても、映画やドラマの脚本のように話の流れを組み立てるわけではありません。大まかに、次の3項目を準備しておくだけで十分に役に立つツールとなります。

①アイスブレイク

　場を和ませて、面談をスムーズに進められるよう、被評価者をリラックスさせるセリフを考えておきます。面談は、被評価者にとっては緊張する場面なので、心を開いてもらいます。

②上司評価の伝達

　面談のメインとなる部分です。「良い点」「改善点」をどのように伝えるのが効果的なのか、適切なセリフを考えて記載しておきます。

③課題設定・動機づけ

　メンバーがさらに成長するためには、どのような課題があるのかを伝えましょう。来期に向けて、モチベーションがアップするようなセリフを記載しておきます。

　評価者には、面談をする部下の1人ひとりについて、このようなシートに話すべき言葉を記載するよう促しましょう。この準備がないと、いざ面談に臨んで不用意な言葉が飛び出してしまうこともあり、そうなると被評価者の心証は著しく悪くなってしまいます。

　ただ、「全員分は時間がない」と言われることもあると思いますので、その場合は特に慎重に伝える必要がある部下だけでも準備するように促しましょう。

2　評価フィードバック面談のステップと注意点

期末の評価フィードバック面談のステップ

　期末の評価フィードバック面談のステップは、次のようなものになります。

①本人評価の確認
　アイスブレイクの後、被評価者から評価者へ、本人の自己評価を伝えます。その期に自分がどんな仕事をしたか、どんな成果を出したか、うまくいかなかったことは何か、などの評価根拠を説明してもらい、その結果として、被評価者はどのような評価を受けるのが適当と考えているかを評価者に伝えます。

②評価者から見た不明点の確認や認識の違いの指摘
　評価者から、本人評価の説明を受けて、客観的な事実に対する不明点を確認します。また、評価者として、被評価者とは異なる認識をしている点について説明します。

③評価とその根拠をフィードバックする
　ステップ②を踏まえて、上司としての評価、およびその根拠となる事実を説明します。特に、本人との認識の差異が大きなところを中心とします。また、必要に応じて、本人から質問を受け付けます。そのうえで、必要に応じて被評価者本人の認識をあらためてもらいます。

④動機づけ
　来年度の活動に向けた課題などを、評価者、被評価者が相互に確認します。被評価者に対して、モチベーションが上がるような言葉をかけます。

　人事担当者としては、このステップを評価者／被評価者に研修などを通じて認識してもらいましょう。

フィードバックの時間をしっかりとる

　評価フィードバック面談は、単に評価の結果を伝える場ではありません。面談の目的は、今後にむけてさらに伸ばすべき良い点や、今後に向けて改善すべき問題点を相互に確認することにあります、評価者と被評価者との間で共通の理解を得るフィードバックができて

はじめて、意義のある面談になるのです。

そのためには、まず、フィードバックの時間をしっかりとることが重要です。当たり前だと感じる人も多いでしょうが、評価者である上司が、あるいは、被評価者である部下が、多忙を理由に十分な時間をとっていないケースは意外と多いものです。

なぜ、多忙を理由に時間をとろうとしないのか？　それには2つのパターンがあるようです。

ひとつは、普段のミーティングなどのコミュニケーションでフィードバックは事足りていると勘違いしているパターンです。

日常業務の中で、上司が部下と業務連絡をすることがありますが、その際に、「こういうところに注意してください」と話をしているので、それをもってフィードバックの代わりになっているだろうと考えてしまっています。しかし、このような場合では、部下はそれをフィードバックだとは感じておらず、単なる個別業務の指示だと思っているので、ここにギャップが生じてしまいます。

もうひとつは、評価フィードバック面談の時間はとっているのですが、その時間が5〜10分程度と短すぎるパターンです。

この場合は、「あなたは今回○○の項目が達成できましたが、○○の項目は未達なので、B評価でいいですね」「はい、わかりました」といった内容で終わってしまい、評価結果だけを伝えて時間切れになってしまいます。これではフィードバックをしているとはいえませんし、部下は話を聞いてもらったという実感が得られません。

人事担当者としては、まずしっかり面談時間が取られているかどうか、チェックをする必要があるでしょう。

具体的事実に則った根拠を伝える

先述のとおり、評価フィードバック面談では、具体的かつ客観的な事実を用いて評価をすることが重要ですが、人事担当者として気を配らなければならないのは、評価者と被評価者の双方が、そのことをしっかり理解しているかどうかという問題です。

評価フィードバック面談の手順

STEP1：
評価内容の確認
（本人⇨評価者）

まずは本人に半期もしくは通期の評価根拠結果を説明してもらう。
（うまくいったことや、いかなかったことなども確認する）

STEP2：
不明点や認識の違いの
指摘（評価者⇨本人）

本人から説明してもらった内容について、妥当性や事実認識など疑問が生じる部分を
質問する。その上で、評価者（上司）としての認識を伝達する。

STEP3：
評価とその根拠を
フィードバックする
（評価者⇨本人）

上記、STEP2を踏まえ、上司としての評価、およびその根拠となる主たる事業を本人
との認識の差異が大きなところを中心に説明する。※必要に応じて、本人から質問を
受け付ける。

STEP4：
動機づけ
（評価者⇨本人）

年度末は、来年度の活動に向けた課題などを相互に確認する。今後の更なる活躍を促
す動機づけをおこなう。

STEP ZERO

STEP 1

STEP 2-1

STEP 2-2

STEP 2-3

STEP 3

【評価者】

　単純に「○○の項目が達成できているので、○○の項目はＡです」と評価結果を伝えるだけではなく、「○○の項目では『X社とのプロジェクトの際に見られた、企画提案』や『毎月の新規営業先調査において、詳細な調査資料を作成してくれている貢献』があったため、Ａ評価になります」と、具体的な根拠となる事実を伝えます。

　このことによって、被評価者は、どのような行為があれば評価が上がるのか（または下がるのか）を理解することができるので、今後の行動改善につなげることができます。

【被評価者】

　「がんばって実現しようとしました」とか「苦労して達成しました」などのように、努力や健闘ぶりをアピールする人がいますが、仕事において努力をすることは当たり前であって、がんばっていない人はいません。したがって、それでは評価の材料にはなり得ないのです。

　これを、例えば「それまでは２週に１回しか訪問していなかったのを毎週訪問するように努力した」のように表現ができれば、何を

どうしたのか、客観的な事実を伝えることができます。

■ 出来たこと・出来なかったことの両方を公正に伝える

　評価期間には、プラスの出来事もマイナスの出来事も起こっているはずです。これを客観視して、どちらかに偏ってしまうことのないようにするために、両方を公正に伝えることが、評価では重要になります。そうすることで、プラスの出来事は伸ばせる能力として、マイナスの出来事は改善の余地がある出来事として、評価をすることが可能になります。

【評価者】

　評価者は、単に褒めるだけ、叱るだけということにせず、良い点と問題点、改善してほしい点の両方を伝えることがポイントです。

　「詳細な調査資料を作成してくれたことは、非常によかったが、提出期限に間に合わないことがあったのは問題なので、今後は必ず間に合わせるようにしてください」というように、具体的に示すことを心がけましょう。

【被評価者】

　被評価者の本人評価は、日本には謙遜を美徳とする文化的背景があるせいでしょうか、「当たり前のことをやっただけで、特に大きなプラス評価になるようなことはしていません」と、自己評価を低めに見積もってしまったり、「ここがやり切れませんでした」とできなかったことばかり伝えてしまったりする人が意外と多いのです。

　しかし、評価面談では、そのような謙遜や遠慮は一切不要です。よく出来たことは「よく出来た」と、はっきり伝えることが大切です。そうしないと、評価者は正しい判断ができなくなってしまいます。

　また、反対に、出来たことだけを過剰にアピールして、出来なかったことは触れようとしない被評価者も中にはいます。評価者はおおむねきちんと見ていますので、このような不公正な態度は、むしろ悪印象を与えます。

　ネガティブすぎても、ポジティブすぎてもだめで、出来たこと・出来なかったことの両方を公正に伝えることが大切です。

■ 他評価者や会社（制度の不整備）の せいにしない

　評価者は、「私はA評価だと思うのだけど、部長が……」とか、「自分は違うと思うけれど、今の会社の制度ではこうだから……」のように、他の評価者や会社の制度の不備のせいにすることはNGです。そのような態度は、被評価者からは、責任逃れをしているとしか感じられず、評価をしているマネージャーに不信感を与えてしまいます。また、現行の評価制度への信頼を毀損することになりますので、人事制度の運用の妨げにもなります。

　仮に、評価者が本音ではそのように思っていたとしても、あくまで、自分の責任で評価をしているという態度で発言しなければなりません。

　人事担当者は、評価者はもちろんのこと、被評価者がこのようなポイントを理解しているかを確認し、必要に応じて伝える必要があります。

3 フィードバックの3つの型

　面談で評価者がフィードバックをする際、思いつくままに漫然と話をしても、真意が伝わりにくいことがあります。そこで、面談での会話展開のために考案された型（フレームワーク）のうち、効果的だといわれている代表的な3つを紹介します。

　人事担当者は、研修などを通じてフィードバックの型の理解を促しましょう。

▌ SBI（状況・行動・影響）型

　SBIとは、「Situation（状況）」「Behavior（行動）」「Impact（影響）」の頭文字をつなげた言葉です。SBI型は、状況→行動→影響・評価の順番で話を展開するフィードバック方法で、使いやすい基本型として広く用いられています。

SBI型の展開例
【状況】
　被評価者が、いつ、どこで起きたのかという状況を示します。
（例）「先週の○○ミーティングで」

【行動】
　そのときに、被評価者がどのような行動を取ったのかを示します。
（例）「あなたは積極的に改善提案をしていました」

【影響・評価】
　最後に、その行動がどのような影響を与える結果になったのかを示し、同時に、その結果に対する評価者の評価を伝えます。
（例）「売上増加に貢献する、的を射た提案内容でした」

SBI型の特徴
　SBI型の特徴は、展開がわかりやすく論理的であるため、フィードバックを受ける側がフィードバック内容をスムーズに理解しやすいことです。また、自分の行動がどのような影響（結果）に結びついたのかが示されるため、被評価者が行動の反省をしやすい点も特徴です。

　さらに、上司が行動に対する評価を下すので、上司が自分の行動をしっかり見てくれているという、評価に対する信頼感を醸成しやすくなります。

　一方、ネガティブなフィードバックをした

STEP ZERO

STEP 1

STEP 2-1

STEP 2-2

STEP 2-3

STEP 3

フィードバックの
基本ステップ！

SBI型フィードバック

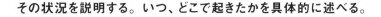

フィードバックは「状況」→「行動」→「評価」の順におこなうことで納得感を醸成しましょう。
そのためにマネージャーは状況を日々観察し、メモしておきましょう。

**状況
(Situation)**

その状況を説明する。いつ、どこで起きたかを具体的に述べる。

例

「先週の●●定例ミーティングで」

「先日の●●様への接客内容について」

**行動
(Behavior)**

観察された行動を説明する。

例

「●●さんは、積極的に自分の意見を述べ、改善提言していましたね」

「●●様のお悩みをうまく聞き出せていましたが」

**影響・評価
(Impact)**

その行動に対する自分（評価者）の評価を伝える。

例

「とても的を射た内容でしたし、売上増加に貢献するものでしたよ!」

「その後の商品紹介へはうまくつなげていませんでしたね」

場合、それだけが被評価者の印象に残り、モチベーションが低下しやすいという注意点があります。

■ サンドイッチ型

　サンドイッチ型とは、最初にポジティブな話をして、次にネガティブな話をし、最後にまたポジティブな話で締めくくるという展開の型です。ポジティブな話題でネガティブな伝達を挟み込むことから、この名がついています。

サンドイッチ型の展開例
【褒める】
　最初に、被評価者の良かった行動を指摘して褒めます。
（例）「先週の〇〇ミーティングで積極的に改善提案をくれたのはよかったですね」
【問題・改善点の指摘】
（例）「ただ、その資料の提出が期限までに間に合わなかったことは残念でした」
【褒める】
（例）「あなたの改善提案は、チームの売上向上にも貢献しています。今後も積極的な提案をお願いします」

サンドイッチ型の特徴
　ネガティブな評価をポジティブな評価で挟むことにより、被評価者もモチベーションを下げにくくする効果があるといわれています。また、評価者にとっても、ネガティブな事項は伝えにくい場合がありますが、サンドイッチ型にすると、伝えやすくなるという特徴もあります。
　反面、ポジティブな指摘のほうが被評価者の印象に残りやすいため、ネガティブな行動の改善が失念されてしまう恐れがあります。また、毎回サンドイッチ型を続けていると、最初に褒めた時点で「次は叱られるのか」と予見されて、評価に対する信頼が損なわれる恐れもあります。

ネガティブな
フィードバックが
ある場合は
ポジティブで挟む
「サンドイッチ型」

STEP ZERO

STEP 1

STEP 2-1

STEP 2-2

STEP 2-3

STEP 3

サンドイッチ型フィードバック

例

褒める
（ポジティブ）

 「先週の○○ミーティングで積極的に改善提案
をくれたのはよかったですね」

**指摘する
（ネガティブ）**

 「ただ、その資料の提出が期限までに間に合わな
かったことは残念でした」

褒める
（ポジティブ）

 「とはいえ、あなたの改善提案は、チームの売上
向上にも貢献しています。今後も積極的な提案
をお願いします」

ペンドルトン型

　評価者から被評価者への一方的なフィードバックではなく、評価者と被評価者との対話によって、「確認→良かった点→改善点→行動計画→おさらい」と展開していくのが、ペンドルトン型です。心理学者のペンドルトンが開発したことからこの名で呼ばれています。

ペンドルトン型の展開例

【確認】

（被評価者）「先週の○○ミーティングで、私が提出した改善提案について話しました。提案により、具体的にチームの売上に結びつく成果が上げられました」

【良かった点】

（評価者）「顧客の悩みを解決できる提案の仕方が具体的に書かれていたところが、他のメンバーにも大いに参考になりました。改善点はありませんでしたか」

【改善点】

（被評価者）「資料の作成が遅れて、事前提出期限に間に合わないことは問題でした」

（評価者）「今回の資料をテンプレートにすれ

ば、次から短時間で作成できますね」

【行動計画】

（被評価者）「はい。取引先ごとの、悩みポイントを記録しておき、その部分だけを最新情報に差し替える形にすれば、次回はもっと短時間で、資料作成が可能になると思います。また、自分の担当外の取引先にも使えるように、他のメンバーが知りたい情報も調査して、取り込んでいきたいと思います」

【おさらい（まとめ）】

（評価者）「それは有益ですね。次回の会議での提出を楽しみにしています」

ペンドルトン型の特徴

　ペンドルトン型は、被評価者の主体的、能動的な態度や行動を引き出しやすい特徴があります。また、将来の具体的な行動について、対話を通じて合意でき、被評価者のモチベーションが高まりやすいのもメリットです。

　反面、フィードバックに時間がかかることはデメリットです。また、被評価者の自己評価が主観的となり、評価者から問題だと感じられる点が指摘されないなど、ポイントがズレたフィードバックとなる恐れもあります。

特に、相手に内省
を促したい時は
ペンドルトン型！

ペンドルトン型フィードバック

	話者	例
内容確認	部下	「先週おこなわれた○○ミーティングで、私が提出した改善提案について話しました。提案により、具体的にチームの売上に結びつく成果が上がりました」
良かった点	上司	「顧客の悩みを解決できる提案の仕方が具体的に書かれていたところが良かったですね。他のメンバーにも大いに参考になりました。改善点はありませんでしたか」
改善点	部下	「はい、あります。資料の作成が遅れて、事前提出期限に間に合わないことは問題でした」
行動計画	部下	「今後は、取引先ごとの、悩みポイントを記録しておき、その部分だけを最新情報に差し替える形にすれば、次回はもっと短時間で、資料作成が可能になると思います。また、自分の担当外の取引先にも使えるように、他のメンバーが知りたい情報も調査して、取り込んでいきたいと思います」
まとめ	上司	「それは有益ですね。次回の会議での提出を楽しみにしています」

STEP ZERO
STEP 1
STEP 2-1
STEP 2-2
STEP 2-3
STEP 3

4 評価調整会議

　企業の評価プロセスでは、被評価者の直属の上司（課長クラス）による1次評価、部門長レベルによる2次評価の実施の後、評価調整会議（評価会議、人事考課会議などとも言う）を経て、評価が確定されることが一般的です。

　評価調整会議の主な目的は、部課長や役員が集まって、全社的な視点から評価の目線をそろえることにあります。他にも、総人件費や全社的なポストのバランスから昇格者を決めるといった目的もありますが、ここでは、評価目線の話に絞って見ていきます。

評価調整会議の役割

　1次評価に多少のブレが出ることは避けられません。それを補正して、評価者による評価の「甘い、辛い」の差が出ないようにし、全社的に公平で適正な最終評価を下すことが、評価調整会議の目的です。

　例えば、X部門の山田さんとY部門の佐藤さんが、同じ等級レベルで同じような成果なのに、前者がA評価で後者がB評価だとしたら違和感があるはずです。そこで、評価調整会議で評価をそろえていきます。

　同様に、同じ等級の2人がいて、今期は大きな成果の違いがあったにもかかわらず、両者ともB評価だとしたらやはり公正ではないため、調整をしなければなりません。

　一般的に、評価調整会議は、1次評価をおこなう課長クラス、2次評価を担当する部長クラス、役員などが各評価プロセスで一堂に会しておこなわれます。

　どの課長・部長も、自分たちが下した評価通りに評価が確定することを望んでいます。また、特に昇格評価の場合は、自分たちの部下を昇格させようとする課長・部長達の間で激しい議論になることもあります。

　評価調整会議に臨むにあたって、課長・部長陣達が準備しておくべきものは、1次、2次評価の根拠となった「事実」です。どんな事実を元にして評価を下したのか、他課、他部門の課長・部長にも明確に示せるようにしておくことがポイントになります。

「頑張った」を具体的にするのが人事の役割

　一方、事前に事実の準備を促し、評価調整

STEP ZERO

STEP 1

STEP 2-1

STEP 2-2

STEP 2-3

STEP 3

会議の場では、質問や確認をしながら、全体のファシリテーションするのが人事担当者の役割になります。

どのマネージャーも、自分の部下たちはかわいいものですし、他部門のメンバーより1人でも多く昇給・昇格させてやりたいと思っています。「うちのメンバーはすごくがんばった」と熱く主張するマネージャーもいますが、評価調整会議の場では、がんばったでは通用しません。

人事担当者は、「がんばったというのは、他部門のメンバーと比べて、何をどれくらい多くこなしたのですか」といったように、それが事実ベースかどうか確認する質問をすると良いでしょう。

また、マネージャーから、「うちのチームのAさんは、前期に比べて○○を30％も増やしている」といった事実が示された上で、昇格評価をしたという話があれば、その実績数字が、その等級に対して適性なのかをチェックしなければならないでしょう。

評価調整会議は、各部門の課長、部長や役員などもそろう場なので、時には人事担当者が口を挟みにくい雰囲気になっていることもあります。しかし、そこでしっかりとファシリテーションをすることは人事担当者に課せられた業務です。

また、その場で議論され、確認された内容や、評価変更があったものについては、必ずその理由まで含めて議事録に残しておきます。

評価調整会議の内容は、必ず1次評価者にフィードバックする

1次評価をしたマネージャーが評価調整会議に参加していない場合は、人事担当者から、評価調整の結果が伝えましょう。この時、人事担当者は、なぜそうなったのかという理由までしっかりと伝えることが重要です。

理由がしっかり伝えられていないと、マネージャーは部下から説明を求められた場合に、「上が変えたことだ」という以上の説明をすることができません。これでは、評価者も被評価者も、評価制度に対して不信感を抱いてしまいます。

評価調整会議の議事録をそのまま公開することはできませんが、評価変更の理由はすべて記録されているので、現場のマネージャー

が必要とする情報は伝えることができます。
この時、人事担当者は、マネージャーが評価
変更の理由について納得できているかを確認
します。

　理由を聞かされても不満そうな場合は、
100％の理解は得られなくても、評価調整会
議で話し合われたことをきちんと伝えるよう
にしましょう。

　また、マネージャーが評価調整会議の変更
理由について十分に納得するためには、評価
調整会議そのものが理にかなったものである
必要があります。

　どの会社でも多かれ少なかれ社内政治があ
り、政治力の強い部門長が存在したりしま
す。評価調整会議においても、発言力の強い
部門長の部下が、比較的評価されやすいとい
うケースはなきにしもあらずでしょう。

　もしも、「評価調整会議の、この評価は適
性なのだろうか？」と人事担当者が疑問に感
じることがあれば、その被評価者と、直接面
談をするという方法が採られる場合もありま
す。それで結果が覆ることはないかもしれま
せんが、人事担当者がそこまでやっているこ
とを、マネージャーにわかってもらうことは、

人事制度への信頼感を生むことになります。

STEP ZERO

STEP 1

STEP 2-1

STEP 2-2

STEP 2-3

STEP 3

従業員は評価結果
ではなく評価プロセスを
重視しています。
これを手続的公正理論と
言います

5 降格の伝え方

　最近は、多くの会社の経営層が、「人事制度では、評価にメリハリをつけるべき」という意向を持っているようです。「SABCDではB評価に集中する」という中央化傾向を避けて、SやDの評価を遠慮や忖度なくつけていこうというものです。

　年次評価にメリハリをつけるということは、当然、等級がダウンする降格者が出ることになります。

　昔のような「年功序列が当たり前」という意識は薄れてきたとはいえ、降格や役割変更をさせられることは、被評価者本人にとっては、やはり非常にショックなことで、納得しがたい気持ちを持つ人もいるでしょう。また、一緒のチームで働いており、これからも働いていくメンバーに対して、降格を伝えるのは、マネージャーにとっても心理的なハードルが高い行為となります。降格者から嫌われるだけではなく、場合によっては、チームの中で「悪者」にされることもあるでしょう。

▌役員が人事制度運用に 積極的な姿勢を見せる

　そこで、降格を伝えるときは、マネージャーにまかせるのではなく、役員がその役割を担うのが理想的です。役員などの経営層が、経営的な判断によって降格をさせるのだということを伝えて、その理由や背景事情も真摯に伝えることで、降格者に納得をしてもらうのです。

　具体的には、評価フィードバック面談は通常通りマネージャーがおこない、評価結果とその理由を伝えます。そして別途、降格については役員が面談をおこない、改めて役員から伝えます。

　人事部門では、降格通知のフローを作成し、役員面談のセッティングをするのが役割となります。

　「一社員の降格に対して、わざわざ役員が面談する必要があるのか」と思う役員もいるかもしれませんが、経営層として「評価にメリハリをつけて、必要に応じて降格者も躊躇なく出す」という方針を打ち出しているのであれば、なおのこと、方針に対して率先して行動する必要があることを認識してもらいましょう。

　人事制度について、役員が積極的に行動する姿勢を見せれば、マネージャー層も本気度を汲み取ってくれるはずです。

昇降格の決定・通知フロー

特に降格の場合は、役員が必ず面談する

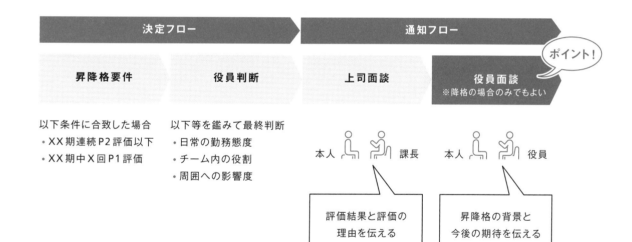

なるべく「2・6・2」の上の2割に寄り添う

「働き蟻の法則」は、ビジネスシーンの比喩表現でよく使われています。

働き蟻で構成される社会では、他の蟻よりよく働く蟻が2割、普通程度に働く蟻が6割、あまり働かない怠け者の蟻が2割、という比率で構成されているというものです。面白いことに、2割の怠け者の蟻を人間が取り除いてやると、残された蟻の中から、また怠け者の蟻になるものが出てきて、結局2対6対2の比率は維持されるのだそうです。

ビジネスシーンの比喩では、この法則は人間の組織でも当てはまるとされています。

組織のメンバーを、仕事がとてもできる優秀な人、普通くらいの人、残念な人、と分類したとき、おおむね2対6対2の割合になるといわれています。

優秀なところに時間と手間をかける

人事担当者としては、それぞれに応じた対応をするべきなのですが、すべてを平等に扱えるわけではありません。従って、まずは、優秀な2割の人材に寄り添うことを考えましょう。

優秀な2割の人たちの声をしっかりと聞き、意見を採り入れることが、効率的な人事制度の運営につながっていきます。優秀な人材ほど、会社全体を俯瞰した視点からものごとを判断しています。また、現場の社員に対する影響力も強く持っています。そのような人材を意識的に味方につけることは、「経営戦略の実現に資する人事運営」という観点からも効果が大きいといえます。

もちろん、残念な人材を無視していいというわけではありませんが、そちらはうまく受け流して、必要以上に労力や時間をかけないようにするのが現実的なのです。

ところが、困ったことに、残念な人材ほど人事に対するクレームが多い、という傾向があります。そのため、実際には、残念な人材への対応に、人事担当者の時間が多く取られてしまうのです。

　しかし、それでは、人事制度の運用の観点からすれば本末転倒です。目の前のクレーム対応に追われてしまうのではなく、本来の人事制度の目的を念頭におきながら、上位の2割により多くの時間と手間をかけ、下位の2割はうまく受け流すのが効率的な人事運営のポイントです。

人事制度は
全員を幸せに
できるわけではない
のも事実です

定期モニタリング

定期的に運用状況を
確認し改善する

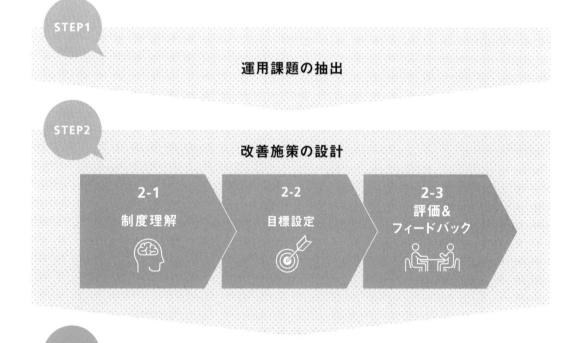

STEP1

運用課題の抽出

STEP2

改善施策の設計

2-1
制度理解

2-2
目標設定

2-3
評価&
フィードバック

STEP3

定期モニタリング

1 組織サーベイでのモニタリング

　ここまで、人事制度の理解にはじまり、目標設定、評価＆フィードバックと、人事制度運用の一連の流れに沿って、必要な考え方やノウハウを見てきました。

　人事担当者は、これらのことを、評価者であるマネージャー、被評価者となる一般社員、さらに役員層に説明して、理解をしてもらい、実践してもらわなければなりません。これがPDCAサイクルでいうところの、PlanとDoにあたります。

　最後に、人事制度を運用し、一定の期間を経た後、次のような項目を確認していきます。

・制度の正しい理解と実践がなされているか
・現場の実情にフィットした制度となっているか
・現場の社員やマネージャーが制度の効果を体感できているか

　このようなモニタリングが、PDCAサイクルでいうところのCheckです。

　その結果、理解が得られていない、実践に至っていない、実情にあっていない、効果がわからない、などの課題が見えた場合は、制度と運用の改善に取り組む必要が生じます。これが、PDCAサイクルでいうところのActionです。

組織サーベイの機会が増加

　モニタリングは、例えば目標設定会議や評価調整会議、評価者研修などの場で、評価者となるマネージャーから、人事評価について意見を聴取する方法もありますが、そのようなやり方だけでは、どうしても部分的かつ定性的な情報しか得られません。

　そこで、全社を対象としたサーベイ調査をおこない、全面的かつ定量的なモニタリング調査の実施を検討する必要があります。

　従来、人事部門には、モニタリングをやったほうがいいという考えはあっても、なかなか実施されることはありませんでした。というのも、社員が数千から1万名を超えるような組織で、正しくサーベイ調査を実施するのは、それなりに手間がかかるためです。

　しかし近年は、GoogleフォームやTeamsのFormsなどの普及により、以前よりは簡

サーベイの流れ

サーベイを導入している多くの企業が「❶可視化」「❷共有」でとどまっているので要注意!

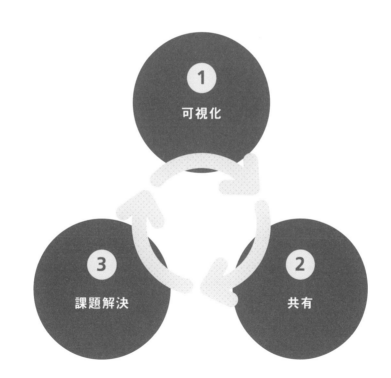

STEP ZERO

STEP 1

STEP 2-1

STEP 2-2

STEP 2-3

STEP 3

単かつ安価に調査を実施できる環境か整いました。そこで、全社を対象にしたサーベイ調査が実施される機会が増えてきたのです。

とはいえ、人事制度や人事評価だけを対象としたサーベイ調査はなかなか難しく、会社を対象とした組織サーベイや、エンゲージメントサーベイと呼ばれる調査の一部に、人事評価制度が含まれて実施されることが一般的でしょう。

右の図は、私たちが実施している組織サーベイ調査例です。

具体的には、下記のような項目を調査しています。

組織に対する総合的な満足度
　＝会社満足度
　＝部署満足度
　＝自己実現度
　＝上司信頼度

テーマ別の課題抽出
　＝ Strategy（戦略）
　＝ Culture（文化、風土）
　＝ Organization（組織）
　＝ Process（業務推進）

　＝ Employee（人）
　＝ Management（管理職）
　＝ Department（部署）

このうち、人事評価制度に直接かかわる項目は、テーマ別の課題抽出の中の「Employee」で、ここに「人事評価」が含まれています。ただし、他の項目も間接的に人事制度にかかわっている内容なので、全体像を把握することで、人事制度運用のヒントが見つかるはずです。

┃人事制度運用にかかわる
┃質問例

例えば、
「会社内の成果指標／評価指標が明確に定められている」
「会社では、成果や実力に応じたメリハリのある評価が行われている」
「自身の能力や成果に対する評価に、納得感がある」
「会社では、評価と報酬が適切に結びついている」

質問の構造例

STEP ZERO

STEP 1

STEP 2-1

STEP 2-2

STEP 2-3

STEP 3

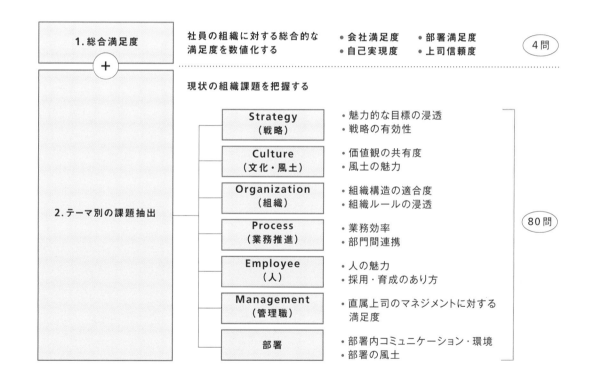

| 1. 総合満足度 | 社員の組織に対する総合的な満足度を数値化する | ● 会社満足度 ● 部署満足度
● 自己実現度 ● 上司信頼度 | 4問 |

+

現状の組織課題を把握する

2. テーマ別の課題抽出	**Strategy**（戦略）	・魅力的な目標の浸透 ・戦略の有効性	80問
	Culture（文化・風土）	・価値観の共有度 ・風土の魅力	
	Organization（組織）	・組織構造の適合度 ・組織ルールの浸透	
	Process（業務推進）	・業務効率 ・部門間連携	
	Employee（人）	・人の魅力 ・採用・育成のあり方	
	Management（管理職）	・直属上司のマネジメントに対する満足度	
	部署	・部署内コミュニケーション・環境 ・部署の風土	

147

　こういった質問の回答結果が、人事制度運用の改善ポイントになります。また、これ以外にも、人事制度に関連する項目がありますので、それらのサーベイ結果を総合的に分析して、人事制度が正しく運用されているかを確認します。

　多くの会社では、中期経営計画の策定時などに、組織サーベイやエンゲージメントサーベイが実施されているでしょう。人事担当者は、その際に、先に挙げたような、人事制度の運用について確認できるようなサーベイ項目が含まれているかを確認しておきましょう。

　もし、人事制度の運用に関する項目が抜けていた場合は、その重要性を説いて、必ず項目に加えてもらいましょう。この時、サーベイの結果を受けた改善策を、実施後に報告するのも忘れないようにしましょう。人事制度にかんする項目を入れたことが、効果を上げることを実証して、さらに人事制度への理解を深めてもらうためです。

組織サーベイは
大変という方には、
人事制度だけの
簡易サーベイもあります。
右図を参考に
してください

人事制度活用度サーベイ Sample

		管理職層	一般層
期初 （PLAN）	1	あなたは、自身が管理する（もしくは所属する）組織のあるべき姿・ビジョンを示していますか？	あなたの上司は、管理する組織のあるべき姿・ビジョンを示していますか？
	2	あなたは、自身が管理する（もしくは所属する）組織の目標を明確に示していますか？	あなたの上司は、管理する組織の目標を明確に示していますか？
	3	あなたは、部下一人ひとり（部下がいない場合は自分）の目標を明確にしていますか？	あなたの上司は、あなたの目標を明確にしていますか？
	4	あなたは、部下一人ひとり（部下がいない場合は自分）に期待する役割や担当業務の目的を明確に説明（部下がいない場合は理解）していますか？	あなたの上司は、あなたに期待する役割や担当業務の目的を明確に説明していますか？
	5	あなたは、部下（部下がいない場合は自分）の目標達成にむけた実行計画づくりを支援（部下がいない場合は実施）していますか？	あなたの上司は、部下一人ひとりの目標達成にむけた実行計画づくりを支援していますか？
期中 （DO）	6	あなたは、適宜適切に部下（部下がいない場合は自分）の計画実行状況を把握していますか？	あなたの上司は、適宜適切にあなたの計画実行状況を把握していますか？
	7	あなたは、部下（部下がいない場合は自分）の業務遂行に対して必要に応じて適切なアドバイスをして（部下がいない場合は得て）いますか？	あなたの上司は、あなたの業務遂行に対して必要に応じて適切なアドバイスをしていますか？
	8	あなたは、部下（部下がいない場合は周囲）に対して適切なコミュニケーション機会をつくっていますか？	あなたの上司は、あなたに対して適切なコミュニケーション機会をつくっていますか？
	9	あなたは、部下（部下がいない場合は周囲）を信頼し仕事を任せていますか？	あなたの上司は、あなたを信頼し仕事を任せていますか？
	10	あなたは、部下一人ひとりの性格・成長状態に合わせた指導をしていますか？（部下がいない場合は周囲への業務遂行支援をしていますか？）	あなたの上司は、あなたの性格・成長状態に合わせた指導をしていますか？
期末 （SEE）	11	あなたは、部下一人ひとりに対して納得感のある評価を行えていますか？（部下がいない場合は無回答を選択）	あなたの上司は、あなたに対して納得感のある評価を行えていますか？
	12	あなたは、部下一人ひとりに対して評価の根拠を分かりやすく伝えていますか？（部下がいない場合は無回答を選択）	あなたの上司は、あなたに対して評価の根拠を分かりやすく伝えていますか？
	13	あなたは、部下一人ひとりに対して今後にむけた業務や成長課題を示していますか？（部下がいない場合は無回答を選択）	あなたの上司は、あなたに対して今後にむけた業務や成長課題を示していますか？
総合	14	あなたは、管理する（もしくは所属する）組織のメンバーを牽引出来ていますか？	あなたの上司は、管理する組織のメンバーを牽引できていますか？
	15	あなたは、部下（部下がいない場合は周囲）一人ひとりに信頼されていますか？	あなたの上司は、部下一人ひとりに信頼されていますか？

2 組織サーベイの分析

　組織サーベイは、結果集計後に分析をして組織改善に活用します。

　まず、一般的におこなわれている、組織サーベイの分析方法の概要を確認します。

　結果となる指標（総合満足度）と、プロセスになる指標（プロセス指標）との相関を分析して、相関度の高いプロセス指標項目の改善や強化を施策課題とする方法です。

　例えば、

　「会社に対する満足度の高さ」

　という総合満足度に対して、その満足度が高い人たちがいたとします。

　このとき、

　「会社内に、仕事をする上で見本となり、目指したいと思える人がいる」

　「自身の能力や成果に対する評価に、納得感がある」

　「直属の上司は、自部署の業務の課題を明確に示している」

　というプロセス指標との相関度が、特に高いという結果が出ていました。

　そこから、

　「すべての社員において、この3項目を上げるための強化施策を実施しましょう」

　という改善策が導出されることになります。

■ 階層を深くして真因を探る

　しかし、「総合満足度 ― プロセス指標」という一階層の相関分析だけでは、十分な分析はできないと考えられます。総合満足度との相関度が高いプロセス指標が見つかったら、今度はそのプロセス指標に対して、さらに相関の高いプロセス指標を見つける、という具合に、階層を深くしていって、プロセス指標間の相関も探っていきます。

　これは、問題定義があって、それに対して原因分析をおこなう際に実施をします。原因分析の階層を深めることで、真の原因を探っていき、課題定義における最優先課題に的を絞っていくのです。

　トヨタ式生産方式に、有名な「5回のなぜ」という手法があります。例えば、ラインに遅れた出たとき「なぜ遅れたのか」→新人が機械操作を誤ったから→「なぜ新人が機械操作

STEP ZERO
STEP 1
STEP 2-1
STEP 2-2
STEP 2-3
STEP 3

**5回のなぜと、各設問の相関分析を繰り返すことで、
真因を特定できる**

影響因子はそれぞれが複雑に作用し合う
そのため、課題を特定する際は、まず因果関係・相関関係を整理することが望ましい

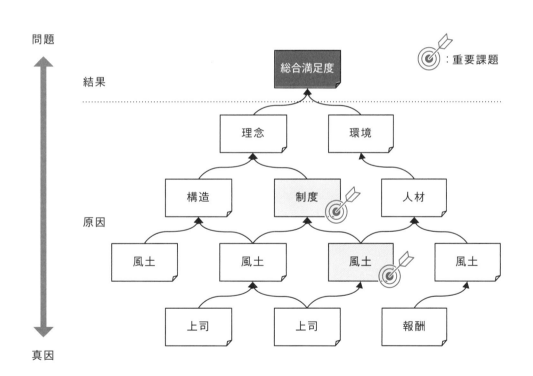

を誤ったのか」→研修時間が不足していたから→「なぜ研修時間が不足したのか」……といった具合に、「なぜ」を繰り返して原因をどんどん遡っていき、根本的な原因（真因）を探るという方法です。

■ サーベイは人事の数少ない武器

　人事部門が、人事制度についてのサーベイ分析を活用するのは、人事制度の現状を定量的に把握して、運用や制度の改善に役立てるためです。定量化した数値分析をしておけば、それをさまざまな場面で"武器"として使うことができます。

　営業部門や製造部門と異なり、業務改善の結果を数値で示すことが難しい人事部門にとって、サーベイの分析結果は、数少ない定量的なデータなのです。

　人事制度の運用に協力をしてくれるように要請しても、なかなか効果を上げることができないのは、先述したとおりですが、ここで「人事の運用改善により、エンゲージメントが○ポイント上昇しました」といった数値を示すことができれば、現場のマネージャーや一般社員はもちろん、経営層を納得させることも可能になります。

　なんとなくサーベイ分析をするのではなく、後々戦うための武器を仕込むのだという意識を持って、モニタリングに臨むことが重要だといえます。自分たちは、戦う武器が少ない陣営＝人事部門であることを考えて、どの場面で、どんな武器が効力を発揮するのか、まで検討する必要があるでしょう。

STEP ZERO

STEP 1

STEP 2-1

STEP 2-2

STEP 2-3

STEP 3

次のページに
サーベイ分析で出てくる
よくある問題とその解決策を
示しておきます

問題と改善策例（1/2）

	改善の方向性	具体的な打ち手例
●経営トップ依存	・経営トップと同じ視野・視座・視点に立ち、全社・中長期的観点からミッション・経営戦略を策定し、全社組織を牽引できる経営ブレインの育成	1. 組織長向けミッション・ビジョン策定・浸透研修 2. 主体性を評価できる評価制度の構築 3. 等級・役割毎の役割と権限の再整理（移譲）
●マネジメント不全	・組織長の役割定義を再設定・浸透させ、スタンスをリセットをした上で、担当する組織のPDCAサイクルの推進に向け必要なマネジメントスキルの習得をおこなう	1. 組織長の等級・役割定義の再整理 2. 管理職向けマネジメント研修
●前途不安	・中期経営計画を立案・明確化を通じて全社戦略の具体性を高め、それに基づく戦術（各組織戦略）の体系化を通じて進むべき方向性の連鎖性を高める	1. 全社のミッション・ビジョン策定 2. 組織長とメンバー間の面談頻度の強化 3. 組織長の面談スキル強化
●視野狭窄	・組織長やメンバー間で、短期だけでなく中長期視点での全社問題・課題を明確にし、全社横断によるその改善活動を通じて、全体最適の視点を醸成する	1. 等級・役割定義の整理 2. 評価項目や評価ウェイトの見直し
●目的喪失	・組織長やメンバー間で、短期だけでなく中長期視点での全社問題・課題を明確にし、全社横断によるその改善活動を通じて、全体最適の視点を醸成する	1. 全社のミッション・ビジョン策定 2. 全社のミッションやビジョン共有の場設定 3. ミッションやビジョンに基づいたベストプラクティスの可視化やその表彰

STEP ZERO

STEP 1

STEP 2-1

STEP 2-2

STEP 2-3

STEP 3

問題別　改善策の実施例（2/2）

	改善の方向性	具体的な打ち手例
●セクショナリズム横行	・部署を超えた配置転換の仕組み化、部門を超えたナレッジや情報の共有機会創出し、それを賞賛する場を設定する	1．部門間ナレッジの共有と表彰の場設定 2．部門をまたぐジョブローテーション制度導入 3．福利厚生・レクリエーション施策の企画導入
●業務過多	・業務の量・質と人員の量・質の妥当性を検証した上で、人員の数と質の調整・補強をおこなう。また業務の削除・統合・交換・簡素化の実施する	1．業務調査・改善プロジェクト 2．新卒・中途採用の強化、人事異動 3．業務スキルアップ研修の強化
●キャリア不明	・キャリアデベロップメントの明確化とそれに基づく教育体系の構築 また、メンバー 1人ひとりのキャリア観の可視化強化	1．キャリアデベロップメントの明確化 2．キャリア開発面談の実施 3．キャリアアップにつながる教育プログラム強化 4．スキルマップの策定
●組織ルール老朽化	・人事システム、会計システム、意思決定システムの見直し	1．人事制度の再構築 2．職務権限の明確化 3．管理会計基準、KGI・KPIの見直し 4．会議システムの再構築

3 HRBPのすすめ

　ここまで解説をしてきたように、目標設定会議、評価調整会議、組織サーベイの分析など、人事担当者は運用業務だけでも、やることが多岐にわたります。「書かれていることは理解できる」「できればすべてを実施したいが、実際の人員ではそこまではできない」「できないのであれば、結局『絵に描いた餅』ではないか！」と思った方もいることでしょう。

　そこで最後に、モニタリングを負荷なくスムーズにおこなう際に、大きな助けとなるHRBPを紹介します。

▎ 戦略人事の担い手

　人事領域における比較的新しい概念に「HRBP」と呼ばれるものがあります。

　これは「Human Resource Business Partner」の頭文字を取った言葉で、日本語にすれば、「人事経営人材」というような意味になるでしょう。

　つまり、人事のプロでありながら、一方では経営的な観点に強くコミットすることを示していて、「戦略人事の担い手」といったい

われ方をすることもあります。

　先述したように、人事制度の目的とは「経営戦略を実現するために、人材の質と量を最適化する」ことです。

　しかし、一般的には、「人事＝労務管理のバックオフィス業務を担う部署」というイメージがまだまだ主流であり、経営戦略面に人事がコミットするべきだという意識は、人事部門においても薄いでしょう。仮に、人事部門担当者が、戦略人事的な役割にコミットしようとしても、経営層からは拒絶反応があるかもしれません。

▎ HRBPの徹底管理

　「人事はこれまで通り労務管理をしていればいいんだ」という意識を変えるためには、HRBPの役割を定義して、社内で戦略的な人事の役割について、理解を深めてもらうことが必要です。

　このとき、HRBPが単なる看板のすげ替えとならないように、経営戦略と人材マネジメントを連動させて、ミッション、ビジョン、

HRBPによる徹底管理

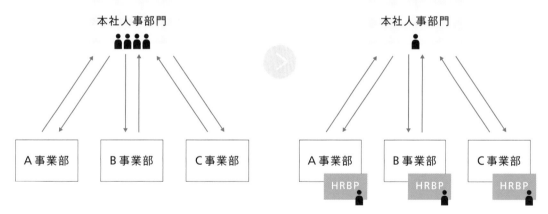

従来の人事部門

本社人事部門

A事業部　B事業部　C事業部

今後の人事部門

本社人事部門

A事業部　B事業部　C事業部
HRBP　HRBP　HRBP

STEP ZERO

STEP 1

STEP 2-1

STEP 2-2

STEP 2-3

STEP 3

バリューを実現させていくための知見とノウ
ハウを獲得する必要があるでしょう。

　また、社内でHRBPの役割を担うのは、必
ずしも既存の人事部門の担当者である必要は
ありません。例えば、経営企画部の担当者が
HRBPを兼務することも考えられますし、場
合によっては役員の参加も効果を上げること
が期待できます。

　いずれにしても、人事制度が果たすべき役
割を果たせれば良いのです。そのためには、
全社的に、各事業部からHRBP人員を確保し
て、経営戦略に資するための人事制度の徹底
管理が実現できれば理想像だといえます。

STEP ZERO

STEP 1

STEP 2-1

STEP 2-2

STEP 2-3

STEP 3

お疲れ様でした！
本書は以上です

制度浸透は、人間の体質改善と同じ

人事制度は歴史が古く、これまでにもさまざまなメソッドや理論が紹介されてきました。読者のみなさんの中にも、書籍やセミナーなどで、そういったものを学んできた人は多いと思います。

人事制度を広く解釈して、組織運営やHR領域として捉えれば、これまでのものに加えて、さらに新しい考え方や手法が続々と誕生していることがわかるでしょう。今では、ティール組織やOKRといったものが、もはや「少し古い」といわれている状況です。

勉強熱心な人事担当者の中には、それらの潮流を敏感に捉えすぎてしまう人がいます。

魅力的に感じた新しい手法をちょっと試しては、まだ成果が出ないうちに、また別の新しい手法に目移りしてしまい、今度はそちらをちょっと試す……といったような流行の手法を"つまみ食い"をするケースが起こることがありますが、これはあまり褒められたことではありません。

それらの新しい手法が本当に良いものだとしても、つまみ食い状態では、効果を得ることはできないでしょう。

つまみ食いはやめよう

これは、例えていうなら、新しいダイエット手法が流行るたびに飛びついて、成果が出せない人のようなものです。

人事制度の浸透は、人間の体質改善と同じで、効果を上げるには時間がかかります。まずは、現在の人事制度の課題を分析することに焦点を当てて、分析結果がわかったら、はじめて具体的な解決策を考えることが基本でしょう。そして、解決策にぴったりマッチする新しい手法が見つかったなら、それを試みてみることは意味のあることです。

新しい手法を試してみたいという意欲だけが先行して、手法の方に、現在の人事制度の課題を合わせていっては、意味がないのです。

STEP ZERO

STEP 1

STEP 2-1

STEP 2-2

STEP 2-3

STEP 3

おわりに　凡事徹底

　本書で紹介してきたのは、経営戦略を実現するために、人事制度を正しく運用していくための地道ともいえるノウハウです。それらは、奇抜な"ハック"のような手法ではなく、人事制度の本旨に基づいた正しい考え方を、経営層、現場のマネージャーや一般社員に理解してもらうための努力に他なりません。

　ほとんどは当たり前のことですが、その当たり前のことを、徹底的にやり切ることでしか、人事業務における結果は出せないのです。

平凡なことを徹底してやり切る

　人事業務の真髄は、徹底的にやり切ることです。「凡事徹底」という言葉がありますが、一見平凡だと思えるようなことでも、それを徹底的にやり切ることは難しく、まただからこそ、徹底すれば必ず何かが変わり、成果が生まれるものです。

　私たちが本書で紹介したような施策の提案をすると、「おっしゃることは正しいと思いますが、うちには合わない」とか、「やり方は理解できましたが、ずいぶんと地味なことなんですね」（＝施策が平凡に見える）といったネガティブな反応をされるときがあります。

　もちろん、各社の文化、風土はそれぞれでしょう。しかし、やりもしないうちから、それをやることを否定していては、絶対に変化することはできません。

　もし、いまの人事のあり方を変えたい、より良い人事業務を実現して、今まで以上に会社に貢献したいと考えるのであれば、ぜひ本書で提示した方法のいくつかを、徹底的にやり抜いてください。必ず結果が出るはずです。

そして人事にビッグウェーブが来ている

　企業では、特性に合わせて、部門を「プロフィットセンター」と「コストセンター」に分類する考え方があります。直接的に利益生産に直接的に貢献するのが前者で、そうでない場合は後者になります。

　現状では、人事部門は代表的な「コストセンター」と見なされています。必要不可欠ではあるものの、可能な限り少ない人員に抑えて、最小コストで運営すべき部門だとされているのです。営業部門や製造部門などのプロフィットセンターとの関係においても、人事部門は基本的に人事施策について協力してく

れるようお願いする立場であり、相対的に見れば弱い立場とみられることが多いでしょう。

　その人事部門が、現在、これまでにないほど脚光を浴びるようになってきました。
　構造的な労働力人口の減少や、働く人のキャリア観の変化を背景として、人的資本開示、ジョブ型雇用、リスキリングなど、人事領域の重要な課題が目白押しとなってきたのです。
　さまざまな業種において、人事部門の重要性が認識され、企業内での存在感を高められる大きな契機が到来していることは間違いないでしょう。

　ひと言でいえば「人事にビッグウェーブが来ている」のです。
　この大きな波は、人事部門が労務管理中心の業務（もちろんそれはそれで重要ですが）から、経営戦略実現を直接的に支える、あるいはその策定にまで関与するような戦略人事部門、HRBP的な立ち位置に変化する好機に違いありません。
　現状の代表的なコストセンターという立場から脱却し、この大きな波に乗れるかどうか

は、みなさんの覚悟と努力にかかっているのです。

　本書をきっかけにして、1人でも多くの方に、人事の仕事の本当の面白さに気づいていただき、充実した人事業務を遂行していただけるようになったなら、著者としては望外のよろこびです。

おつかれさま
でした！

図解でわかる！ 失敗しない人事制度の運用のしかた

発行日　2023年11月25日　第1刷
　　　　2024年 3 月28日　第2刷

Author
小林傑　山田博之　野崎洸太郎

Book Designer
新井大輔　八木麻祐子（装幀新井）／装丁
辻井知／本文

Illustrator
山田博之

Publication
発行　ディスカヴァービジネスパブリッシング
発売　株式会社ディスカヴァー・トゥエンティワン
〒102-0093　東京都千代田区平河町 2-16-1 平河町森タワー 11F
TEL　03-3237-8321（代表）　03-3237-8345（営業）
FAX　03-3237-8323　https://d21.co.jp/

Publisher
谷口奈緒美

Editor
林秀樹　千葉正幸

Proofreader
株式会社 T&K

Printing
日経印刷株式会社

Sales & Marketing Company
飯田智樹　庄司知世　蛯原昇　杉田彰子　古矢薫
佐藤昌幸　青木翔平　阿知波淳平　磯部隆　大﨑双葉
近江花渚　小田木もも　仙田彩歌　副島杏南　滝口景太郎
田山礼真　廣内悠理　松ノ下直輝　宮田有利子　三輪真也
八木眸　山田諭志　古川菜津子　鈴木雄大　高原未来子
藤井多穂子　厚見アレックス太郎　伊藤香　伊藤由美
金野美穂　鈴木洋子　陳鋭　松浦麻恵

Product Management Company
大山聡子　大竹朝子　藤田浩芳　三谷祐一　千葉正幸
伊東佑真　榎本明日香　大田原恵美　小石亜季　野村美空
橋本莉奈　原典宏　星野悠果　牧野類　村尾純司
安永姫菜　斎藤悠人　浅野目七重　神日登美　波塚みなみ
林佳菜

Digital Solution & Production Company
大星多聞　中島俊平　馮東平　森谷真一　青木涼馬
宇賀神実　小野航平　佐藤淳基　舘瑞恵　津野主揮
西川なつか　野﨑竜海　野中保奈美　林秀樹　林秀規
元木優子　福田章平　小山怜那　千葉潤子　藤井かおり
町田加奈子

Headquarters
川島理　小関勝則　田中亜紀　山中麻吏　井筒浩
井上竜之介　奥田千晶　中西花　福永友紀　齋藤朋子
俵敬子　宮下祥子　池田望　石橋佐知子　丸山香織

図解でわかる！
戦略的人事制度のつくりかた

株式会社フィールドマネージメント・ヒューマンリソース
小林傑　山田博之　野崎洸太郎

人事の本質は、「経営戦略を実現するために、人材の質と量を最適化する機能」。本書の要となるフレームワークは、大手企業からの引き合いが絶えない経営コンサルティングファームが心血を注いで生み出した「人事フレーム」をもとに作成したもの。5＋1STEPのフレームワークを通じて、あなたの会社の凝り固まった人事制度を改定するための具体的な方法を紹介していく。

定価 2640 円（税込）

書籍詳細ページはこちら
https://d21.co.jp/book/detail/978-4-910286-13-6

Discover

人と組織の可能性を拓く
ディスカヴァー・トゥエンティワンからのご案内

本書のご感想をいただいた方に
うれしい特典をお届けします！

特典内容の確認・ご応募はこちらから

https://d21.co.jp/news/event/book-voice/

最後までお読みいただき、ありがとうございます。
本書を通して、何か発見はありましたか？
ぜひ、感想をお聞かせください。

いただいた感想は、著者と編集者が拝読します。

また、ご感想をくださった方には、お得な特典をお届けします。